悪人の技法

akunin no gihou

99%思い通りに人を動かす心理術

内藤誼人

SOGO HOREI PUBLISHING CO., LTD

これから人を動かす技術について学びたい、
あるいは交渉術について学びたいと思うのであれば、
裏社会で悪人たちが使っている〝テクニック〟を
学ぶことをおススメします。

なぜ、悪人たちが使っているテクニックなのでしょうか。
その理由は単純で、ものすごく〝効果的〟だからです。

まえがき

よくあるビジネス書やマネジメントの理論書などにも、たしかに人を動かすテクニックは数多く紹介されています。しかし、そういうテクニックは、とても〝弱い〟のです。まったく効果がないとまでは言いませんが、大して効き目のない薬と似たようなものです。そんなものを学んでいても、効果はあまり期待できません。

ところが、悪人たちが裏社会で使っているテクニックは違います。集団詐欺にしろ、ヤクザにしろ、闇バイトにしろ、スカウトにしろ、風俗の呼び込みにしろ、彼らは〝効果がある〟テクニックしか使いません。なぜなら、効果がないことなどしていたら、一瞬の油断や隙《すき》が命取りになるような彼らの世界では生きていけないからです。「意味のないことはやらない」が悪人の鉄則です。

たとえば、よくあるマネジメントの本を読むと、「部下には愛情を持って接するのです。

そうすれば、部下はみなさんを信頼し、言うことに従ってくれます」などと書かれています。たしかに、それはその通りですが、まず「愛情を持って接する」とは具体的にどうすればいいのかがよくわかりません。それに、なんだか面倒くさいやり方です。

最近の若者などは、上司が「愛情を持って接する」と、自分が偉いとでも勘違いするのか、かえって上司をナメて、言うことを聞かなくなるケースもあると聞きます。


その点、悪人たちが使っているテクニックは違います。


彼らは、〝本当に効果的〟なやり方しかしません。「やさしく教え諭《さと》す」などという甘っちょろいやり方は選択しないのです。ものすごい形相で睨《にら》み付け、大きな声で威圧し、必要とあれば鼻血が出るほど殴ります。

もちろん、普通の社会で人を殴ったりするのは立派な犯罪ですから、さすがに本書で取り上げることはしません。本書で紹介する悪人たちのテクニックは、あくまでも合法的で、だれでも実践可能なレベルのものだけです。

これまで何十冊もの真面目なビジネス書を読んではみたものの、失望ばかりを覚えてきたみなさんに、ぜひ本書をお読みいただきたいと思います。
ご自身で実践してもらえれば、すぐにその効果を体感していただけると思います。

また、悪人が使っているテクニックを知ることによって、悪人の餌食《えじき》にされないように気を付けることもできるでしょう。最近の若者がなぜ闇バイトに手を出してしまうのかということもわかります。

なお、あらかじめお断りしておきますが、私は一介の心理学者に過ぎず、悪人たちとはまったく何の関係もない人間です。ただ、彼らのテクニックには昔から興味があり、裏社会の人間のルポやインタビュー記事などを趣味的に収集してきました。今回は手元の資料がたまってきたので、それらをご紹介しながら心理学的な分析も行っていきます。

悪人たちはおそらく経験的にそれらのテクニックが効果的だということに気付いて使用しているのでしょうが、心理学的に言ってもそのやり方が正しいということを本書では論じていきたいと思います。どうか、最後までよろしくお付き合いください。

本書の効果

困ったことが起きなくなる

どんな問題も解決できる

営業成績がＵＰする

好きな人と付き合える

交渉で負けなくなる

どんな相手でも思い通りに操れる

相手が何を考えているかわかる

商談がうまくなる

仕事で結果が出る

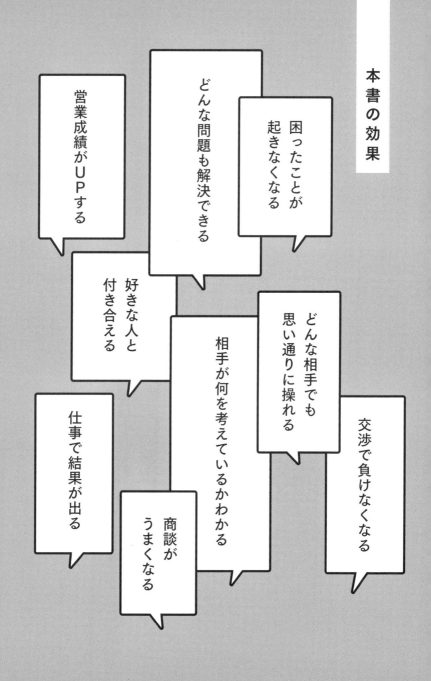

収入が上がる

相手の心を
わしづかみにする

人間関係が円滑になる

部下から信頼される

異性からモテる

嫌いな相手がいなくなる

どんな場所でも
主導権が握れる

「NO」を「YES」に
変えることができる

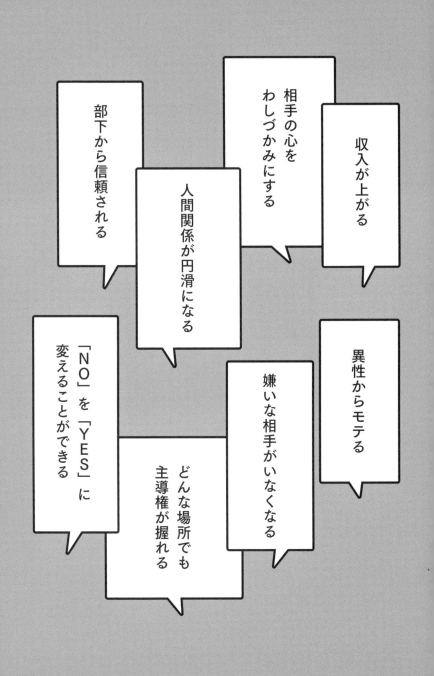

contents

第1章 効果がありすぎる悪人の心理術

第2章

すぐに使える悪人の心理術

第3章

知らずにダマされている悪人の心理術

イラスト：ぷーたく
DTP：横内俊彦
本文デザイン：木村勉
装丁：別府拓（Q.design）
校正：髙橋宏昌

第1章

効果がありすぎる悪人の心理術

01

キーワードを連呼して催眠にかける

読者のみなさんも催眠術という言葉を聞いたことがあると思いますが、催眠術では、同じ言葉を何回も連呼します。

たとえば、「痛みが消える」と1回だけ言っても催眠の効果はあまりないのですが、「痛みが、消える、消える、消える、消える……」と言われると、本当に痛みが消えていくように感じるのです。不思議なもので、私たちは同じ言葉を何度も聞かされていると脳にイメージが刷り込まれて本当にそのように感じてしまうのです。

この**催眠術のテクニックは、いろいろと応用ができます。**

人を説得するときには、自分なりに〝キーワード〟を決めて、そのキーワードを会話の

端々《はしばし》に挿入しながら説得すればいいのです。**そうすれば、相手を催眠にかけることができます。**

この方法を使った、催眠商法と呼ばれる手口があります。催眠商法はサクラ（協力者）を使います。サクラがやることはただ一つ、「安い！」とか「欲しい！」といった言葉を連呼するだけです。不思議なもので、だれかが「安い！」と言っているのを何度も聞かされていると、私たちの脳に「安い！」というイメージが刷り込まれて、高額な商品であっても、安さを感じるようになってしまうのです。つまり、催眠にかけられてしまうのです。そうすると、50万円もする羽毛布団であっても、私たちの脳は、安いと判断してしまうのです。

もう一つ大事なポイントは、催眠は、時間帯にも影響されるということです。

アメリカにあるクリーブランド州立大学のベンジャミン・ウォレスは、午前7時から午後10時までの間で、催眠のかかりやすさを調べてみました。

その結果、**午後1時から2時くらい、あるいは午後6時から9時くらいの時間帯が催眠にかかりやすい時間帯である**ことを突き止めています。

もし人を催眠にかけたいのであれば、午後の早い時間帯をおススメします。お昼を食べてお腹いっぱいになった人は、自然と頭がぼんやりしてきて、眠くなってきます。そういう状態のほうが、催眠にかかりやすいのです。

もし私が、何らかの企画や商品を売り込みに出掛けるなら、午後1時から2時くらいでアポを取るでしょう。なぜなら、その時間帯では、相手を催眠にかけやすいと考えられるからです。

そのほうが、企画が採用される可能性、商品を購入していただける可能性がグンと高まるでしょう。

蛇足《だそく》ながら、**心理学では、午前を「理性の時間帯」、午後を「感性の時間帯」と区別することがあります。**

午前中は、だれでも頭がはっきりしていて、非常に理性的になっています。そういうときには、論理的な説得を心掛けるとうまくいきます。

逆に、午後になると、人は感性的になってくるので、手触りであるとか、心地よさであるとか、感性的な言葉をたくさん使うと、説得がうまくいくことも覚えておくとよいでしょう。

POINT

感性的なキーワードを多用して、催眠効果を利用しよう
実行する場合は、午後の早い時間帯を選ぼう

02

洗脳のテクニックを使って正常な判断能力を奪う

かつての闇金では、朝から晩まで、1日に100回以上もの嫌がらせ電話をしていたといいます。今では法律的に催促の電話は禁止されているようですが、より穏やかなかたちではあるものの、電話攻撃は残っています。

電話攻撃の本当の狙いは、お金の催促をすることではありません。

もちろん、お金を返済してくれればそれに越したことはないですが、それ以上の狙いがあります。相手をウンザリさせ、正常な判断能力を奪おうとしているのです。

いつ電話がかかってくるのかとビクビクさせ、恐怖を与えながら、睡眠時間を奪います。

私たちは、しっかりと睡眠を取らないと、次第に頭が朦朧《もうろう》としてきて、被暗示性《ひあんじせい》が高まり、相手の言いなりになりやすくなります。

闇金の電話攻撃を心理学的に分析すれば、いわゆる〝**洗脳プログラム**〟です。

洗脳では、同じようなメッセージを繰り返し聞かせたり、睡眠時間を削ったり、テレビもラジオもない退屈な部屋に、何時間も身柄を拘束したりすることによって、正常な判断能力を奪うのが常とう手段です。**そうやって精神を破壊してから、こちらの言いなりになるような思想なり、主張を埋め込んでいく**のです。

洗脳のテクニックは、企業においても利用されています。

たとえば、クビにしたい社員がいたとして、普通に辞表を書くように求めても、なかなか応じてくれません。だれだって、クビになるのはイヤなものです。

しかし、企業側としてはそれでは困ってしまうので、倉庫番などに異動させ、1日中、何もない倉庫の中にただ座らせるだけの仕事を押し付けたりします。

椅子に座っているだけならずいぶんラクなものだと思われるかもしれませんが、人間は、何の刺激もない状況にいると、感覚がおかしくなってきて、精神が壊れてくるのです。

心理学の実験でも確認されているのですが、私たちはこういう状況に2日も置かれていると、幻覚まで見るようになってしまうらしいのです。

そうやって精神を崩壊寸前まで追い込んでおけば、「辞表を書いてください」というお願いにも、すんなりと応じてくれるという寸法です。一般に「窓際に追いやる」という方法で知られていますが、やっていることはまさしく洗脳プログラムです。

ついでに言うと、親が言うことを聞かない子どもを押し入れや物置などに閉じ込めたりするのも、やはり洗脳プログラムの一種だと心理学的には分析できます。

〝洗脳〟という言葉を聞くと、なんだかものすごく恐ろしいテクニックのように思われるかもしれませんが、実は、日常生活のいろいろなところで、知らないうちに使われているのです。

POINT

〝洗脳〟のテクニックは日常のいろいろな場面で使われている
そのしくみを理解し、人を動かす技術に応用しよう

03

些細なことで謝罪させる

ヤクザは、人と待ち合わせをするときに決して遅刻などはしません。
なぜなら、遅刻して相手を待たせると、「お待たせしてすみません」と詫《わ》びをしなければいけません。そうすると自分の立場が、相手よりも不利になってしまうという不安があるからです。

交渉の場では、どんなに些細《ささい》な点でも、相手にお詫びするということは避けなければなりません。相手にお詫びをした途端に、心理的に自分の立場が不利になり、せっかくの有利な交渉でもうまくいかなくなるからです。交渉が始まる前から、「もはや勝負あり！」にならないよう、遅刻は絶対にしてはいけません。

それを知っているヤクザは、絶対に遅刻をしないのです。むしろ、約束の時間より1時間も、2時間も先に来て待っています。遅れてやって来た相手は、灰皿にたまったヤクザのタバコの吸い殻を見て、驚きます。

そして、たとえ時間通りにやってきても、相手を待たせたことについて、詫びを入れさせます。ヤクザはそれを狙っているのです。

とにかくどんなに小さな点でも追及し、相手に詫びを入れさせることが重要です。詫びを入れさせさえすれば、その後は、多少の無理難題を持ち掛けても、相手は断りにくくなるからです。

ヤクザの話法として、相手の些細な言葉尻を捉《とら》えて責め立てる、というものがあります。言葉尻を捉えるのは、「すみません」というひと言を引き出すためです。

「そういう意味で言ったんじゃありませんが、とにかくすみません」

「もし誤解されたのだとしたら、謝ります。すみませんでした」

その言葉を引き出すために、ヤクザは些細な言葉尻を捉えて難癖を付けるのです。

1回でも、「すみません」と相手に言わせれば、その瞬間から、その場の主導権はこちらが握ることができ、その後の交渉はすべて自分の思い通りにできます。

たとえば、たいていの人は、テーブルの上のコーヒーをこぼされて、自分のスーツがビチョビチョに濡《ぬ》らされたら、とても不愉快になるでしょう。しかし、ヤクザにとっては、これが絶好のチャンスになります。ヤクザは「しめた！」と考えます。

なぜなら、カップをひっくり返した相手は、ヤクザに謝らなければならず、そうするとヤクザの言うことを聞かざるを得なくなるからです。

「ああ、安物のスーツなんで気にしなくて結構ですよ。クリーニング代？　そんなものはいりませんよ。でも、こちらから一つお願いがあるんですけど、いいですか？」とヤクザに言われたら、断れません。これは実験的にも確認されています。

アメリカにあるサンディエゴ州立大学のポーラ・コノスクは、ある人物が、サクラ（実験協力者）の近くを歩いているときに、そのサクラの持ち物をひっくり返してしまうという実験をしました。本当は、持ち物に触れてもいないし、サクラが自分でひっくり返しているだけなのですが、サクラは大げさに驚いて、「なんてことをしてくれるんだ！」とわめきます。

当然、被験者には身に覚えなどありませんが、とりあえず「すみません」とお詫びの言葉を口にします。それからサクラは、ちょっとしたお願いをするのですが、迷惑をかけたと思い込まされ、お詫びをさせられた被験者は、そのお願いを引き受けてくれたといいます。お詫びの言葉を口にすると、相手の言うことに従いやすくなるということです。

大切なのは、どんなに些細なことであろうが、交渉とは無関係なことであろうが、相手に詫びを入れさせることです。**そうすれば、その後の展開はみなさんの思いのままになります。**

POINT

謝罪をさせれば心理的に優位に立てる
相手が謝らなければいけない状況を作り出そう

04

揚げ足を取って追い込む

相手が何か言ってきたときに、揚げ足を取って相手を心理的に追い込んでいく戦術があります。**〝揚げ足戦術〟とか、〝カウンター戦術〟といいます。**

たとえば、ヤクザがわざとムチャクチャな要求をぶつけておいて、相手が「そんな無茶な！」と答えたら、「どこが無茶なんだよ、ケンカ売ってんのか！」と追い込むのが揚げ足戦術です。**相手がほんの少し言い過ぎたときであるとか、興奮して強い言葉を使ったときが、揚げ足を取るチャンス**です。

この戦術は日常場面でも、どんどん利用できそうです。

「キミは、いつも細かいね」

「いつもって、具体的にいつのことですか？」

「あ、いや、ごめん言い過ぎた……」

こんな感じで語気を荒らげて追い込んでいけば、相手の立場を悪くして、自分にとって有利な進め方ができるはずです。

相手が「いつも」とか「絶対に」とか「100%」などという言葉を使ってきたときがチャンスです。そういうときは、いくらでも揚げ足を取ることができます。

「鉄の女」と呼ばれたイギリスのマーガレット・サッチャー元首相も、このような揚げ足戦術を多用していたといいます。サッチャーは、記者たちからイヤな質問をされたときに、揚げ足を取りながらうまく質問をかわしていたといいます。

イギリスにあるヨーク大学のピーター・ブルが、サッチャーのインタビューを詳しく分析したところによると、記者が「仮に○○だとしますと……」と質問を切り出すと、すぐにサッチャーは、「仮にって、仮定のお話なんかにはお答えできませんよ」とかわしたといいます。

揚げ足戦術は、相手をしどろもどろにさせるところに狙いがあります。人間は、自分が予想もしなかったところを攻められると、もうどうにもならなくなります。本論とはまったく無関係なことであっても、揚げ足を取られると正常な判断ができなくなるのです。

もし相手が、「その話は、今は関係ないでしょう」と言ってきたとしても、「関係ないとはどういうことだ?」と、さらに揚げ足を取ることもできます。

会議においても、どうでもいい点で揚げ足を取りまくっていれば、議論が一向に深まることもなく、結論も出せません。自分にとって望ましくない方向に議論が向かいそうなときには、どうでもいい点でどんどん噛《か》みつき、揚げ足を取りまくるのが正解です。

POINT

予想外のところを攻められると、正常な判断ができなくなる
自分が不利だと感じたら、揚げ足を取りまくろう

05 断る理由を説得の根拠に変える

「地上げ屋」と呼ばれる人たちがいます。さまざまなやり方で住民を追い出し、その土地を買収することを生業《なりわい》としている人たちです。

たいていの人は、住み慣れた土地から離れるのがイヤですから、基本的に立ち退《の》きに応じることはありません。

そこをうまく立ち退かせるのが地上げ屋の腕の見せどころです。

かつては、「今すぐ立ち退け！」と声を荒らげて交渉していた時代もあったといいますが、今ではそんな乱暴な手口を使う地上げ屋はほとんどいません。

あまり強引にやろうとすると、脅迫になってしまうからです。今の地上げ屋は、もっと穏当《おんとう》な交渉術を使っています。

彼らは、「立ち退いてもらえませんか？」式の、イエス・ノーで答えられるような質問をしません。どうせ「イヤです」という答えが返ってくるに決まっているからです。

では、どうやって立ち退かせるのかというと、**相手がイヤがる〝理由〟をしっかりと聞き、その〝理由〟を逆手に取って、自分の主張の〝根拠〟へと変えてしまう**のです。

たとえば、次のような具合です。

「どうして立ち退くのがイヤなんでしょうか？」

「そりゃ、ここが気に入っているからだよ」

「どんなところが気に入っていらっしゃるのでしょう？」

「……駅も近いし、スーパーも近いところかなあ」

「それでしたら、さらに駅に近くて、スーパーも近い場所をこちらで探してご用意しますよ。きっとご満足いただける場所を探しますから、そうしたら私どもにお譲りいただけますか？」

「……うん、それなら……」

相手が〝利便性〟を理由にゴネているのなら、もっと利便性が良いことを根拠に、説得することが可能になります。

アメリカにあるイースト・キャロライナ大学のレイド・クラクストンは、このような交渉テクニックを**〝ブーメラン法〟**と呼んでいます。

クラクストンは、240名を超える流通、製造などのバイヤーにインタビューを行って、彼らのテクニックを数多く分析しています。

ブーメラン法というのは、相手の反対の理由を、そのまま買うべき理由にしてしまう方法です。

相手が「高いからちょっと……」という理由で断ってきたとしたら、「高いからこそ、おススメしたいんですよ。それだけ高品質だという証拠じゃありませんか」というように説得を進めていくと、相手も断る理由がなくなってしまうのです。

交渉をするに当たっては、まずしっかりと相手の渋る理由に耳を傾けましょう。相手が、本当は何を望んでいるのかを理解しましょう。

その理由がしっかりわかれば、それをこちらの根拠にして説得することもできるはずです。

POINT

断る理由を奪われれば、要求を受け入れざるを得なくなる
相手が主張する理由を理解し、逆手に取って説得しよう

06

「みなさん」をキラーフレーズに使う

日本人は、「みなさん」という言葉に非常に弱いです。**たいていの日本人は、「みなさん」と言われれば断れません。**

子どもを塾に行かせたいとき、妻は夫にこう言えばよいでしょう。

「クラスのほかの子はみんな、もう塾に行っているのよ」と言われると夫は、反対したくても反対できません。

「同業者は、みなさんこのシステムでやってますから」と言われると、経営者は「そうか、ならウチも導入しないとな」と考えてしまいがちです。**みんながやっているのに、あえてウチだけはそれをやらない、と声を上げるのは、なかなか難しい**のです。

この心理を、ヤクザも当然知っています。

だから、彼らは便利なフレーズとして、「みなさん」を多用します。みかじめ料を求めるときには、「町内では、〝みなさん〟どこも納得してくださっているので……」というように要求するのです。

ほかの店も払っているのだと言われれば、たいていの経営者は「じゃあ、ウチも」と〝右へならえ〟で受け入れざるを得なくなります。「ヨソはヨソ。ウチはウチ！」と突っぱねることは、なかなかできるものではありません。

日本人は、笑ってしまうくらい「みなさん」と言われることに弱いのですが、どうもこれは日本人だけではないようです。

いろいろ調べてみたところ、外国でも、「みなさん」と言われると、無意識のうちにそれに反対できなくなってしまうことがわかりました。これは人間の共通心理らしいのです。

たとえば、アメリカにあるシカゴ大学のノア・ゴールドスタインは、とある中規模のホテルにお願いして次のような実験をさせてもらいました。

どんな実験かというと、連泊する客に対して、「環境保護のため、タオルを再利用してください。〝みなさん〟にそうしていただいております」というメッセージを伝えたのです。すると、44・1％が素直に応じてくれたといいます（「みなさん」の部分を伝えない場合は35・1％だけが応じました）。

また、オランダにあるアムステルダム大学のヴァン・デン・プッテは、あるチョコレートバーの広告を実験的にいくつか作ってみたのですが、「みんな大好き」「みんな食べてる」というセリフが入っていると効果的であることを突き止めています。

さらに、ドイツのボーフム大学のエレン・マシューズは、自動車で通勤している297名を対象に、「バスや電車など、公共の乗り物を使ってください。〝みなさん〟喜んで応じてくれています」と説得すると、その後の8週間にわたる測定で、公共の乗り物による通勤が増えたという報告をしています。

これらのデータからわかるように、「みなさん」をアピールされると、日本人だけでなく、どこの国の人も、断れなくなってしまうようです。

POINT

〝右へならえ〟は人類共通の心理
「みなさん」を効果的に使い、反論しづらい状況を作ろう

07

ホメてホメてホメまくる

悪質なスカウトマンのやり方として、歩いている女性に声を掛け、「モデルになりませんか？」と勧誘する手口があります。

適当に何枚かのスナップ写真を撮った後、その写真を宣材《せんざい》として売り込んでいくために事務所に登録してほしいと言って、登録料をダマし取るのです。もちろん、事務所に登録しても、モデルの仕事などもらえるわけがありません。

なぜ、そんなスカウトマンに引っ掛かる女性がいるのかというと、彼らが〝ホメまくり戦略〟を使うからです。

「いやあ〜、今まで見てきた子の中でいちばん光ってるよ」

「キミは絶対にモノになるよ、間違いない」

「モデルの○○なんかより、キミのほうが断然いい。僕が保証する」

そんな感じのことを繰り返し聞かされたら、だれでもその気になってしまうのです。

イギリスにあるマンチェスター大学のカレン・ニーベンは、小売店の従業員を対象にして、どういう店員が同僚たちから好かれるのかを調査したことがあります。

その結果わかったのは、やさしい声を出したり、相手をうまくおだてるのがうまい人ほど、職場の人気者になるということがわかったのです。

私たちは、だれだってホメられると嬉しいのです。

そして、その人の言うことなら何でも聞いてあげようという気持ちになるのです。

ホメまくりは、ものすごく効果的な方法なのです。

ホメるのが苦手なら、同じことを繰り返すだけでもいいでしょう。

「いい！　キミはいい！　すごくいい！　ホントにいい！」と同じことを壊れたレコード

のように繰り返すだけでも、相手は嬉しさを感じます。

そんなに難しい表現を使ったりする必要はないのです。

親や先生が、「あなたは、伸びる！　伸びる！　絶対に伸びる！」と言い続けていると、子どももその気になって勉強し始めるといいますが、これもホメまくり戦略です。

ホメ上手な人は、特に難しい言葉を使うわけではなく、単純な言葉を、とにかく繰り返しているだけです。

ホメているのに効果がないという人は、ホメる量が少ないか、まったくホメていないかのどちらかで、〝ホメ方〟がヘタだということではありません。

部下の管理があまり得意ではないとか、部下をうまく掌握《しょうあく》できていないという上司には特徴があります。ダメな上司は、とにかく部下をホメることをしません。口を開けば文句の言葉しか出てこないのです。

その点、部下の使い方がうまい上司は、必ずといっていいほど、ホメ上手です。ホメるところが少なくても、それを見つけてバンバンホメるのです。ホメてくれる上司ならだれでもやる気が出るのです。

ホメ方に、そんなに細かいテクニックはないのですが、もし上手なホメ方に興味がある読者は、拙著《せっちょ》『すごい！ホメ方』をぜひご一読いただければ幸いです。

POINT

ホメまくり戦略は簡単かつ、とても効果的な方法
とにかくホメてホメまくって、相手をその気にさせてしまおう

08

プライドをくすぐる

人を動かすときに、〝お世辞《せじ》〟はものすごく効果的なテクニックです。

お世辞を言われれば、だれでも嬉しいです。

そういう嬉しさを感じさせてくれる相手に、人は親切にしようと思うのです。

アメリカにあるユタ州立大学のジョン・セイターは、とあるヘアーサロンの経営者にお願いをして、実験をさせてもらったことがあります。どんな実験かというと、二人の女性スタイリストに頼んで、お客さんがやって来たらお世辞を言ってもらったのです。

この実験では、「髪がとてもおキレイですね」というセリフと、「お客さんなら、どんな髪型でも似合いますね」という二つのセリフが使われたのですが、どちらのセリフであっても、お世辞を言われたお客さんが、たくさんのチップを払ってくれることが確認されました。

お世辞というテクニックに関しては、「どんなセリフを言えば効果的なのか？」という疑問を感じる読者もいらっしゃると思いますが、セリフ自体は何だっていいのです。

お世辞はとにかく〝言う〟ことが重要なのであって、何を言えばいいのかは、あまり関係ないのです。

お世辞を言うことによって、相手の自尊心（プライド）をくすぐれば、たいていの人を手の平で簡単に転がすことができるのです。

その心理を利用したのが、ヘッドハンティング詐欺です。

詐欺師は、ヘッドハンティング会社のスカウトだと名乗って、「あなたの仕事ぶりについて、A社（だれでも知っている大企業）が大変に興味を持っているようです。一度、担当者の話を聞いてもらえないでしょうか？」などと、歯の浮くようなセリフを言います。スカウトされた人は、当然、悪い気はしません。

「そんなに自分のことを買ってくれているのなら、転職するのもいいかな？」と思い込むのです。ただし、スカウトだと名乗る人物は、「ヘッドハンティングは、極秘裏《ごくひり》に行わなければなりません。お話が漏れたりするのがいちばん困ります。ですから、今お勤めの会社にも内緒にしていただきます。ヘッドハンティングをしたいA社に直接お尋ねになっても、この件は存在しないことになっています」とほかの人に教えないように釘を刺すのです。

そして、「スカウトの手続きに費用がかかる」、「入社前に講習を受ける必要がある」などと言って、多額のお金を支払わせるのです。

自分がヘッドハンティングされるような実力を持っているのかどうかは、自分自身がいちばんよく知っていそうなものですが、お世辞を言われて舞い上がってしまうと、自分の実力までわからなくなってしまうものらしいのです。

ともあれ、人を動かそうとするのなら、相手の機嫌をとり、お世辞を言いまくるのが正しい方法です。社交辞令だとわかっていても、やっぱりホメられれば、だれだって悪い気はしないのです。

POINT

人はプライドを満たしてくれる相手に親切にしたくなる
どんなことでもいいから、とにかくお世辞を言いまくろう

09

贈り物をしてから要求する

「海外旅行のプレゼントに当選した」というダイレクトメールを送り付ける商法があります。

たしかに旅行には当選しているものの、タダなのは飛行機代だけで、現地でのホテル代やらアクティビティ代やらとして、結構な料金が取られるようなしくみです。

結局、「当選した」というのはまったくのデタラメであり、参加者全員が当選しているのです。

こういう手口の商法は、いろいろなかたちで行われています。私たちはプレゼントなどをもらったり、賞品に当選したりすると、嬉しくなります。そのため、少しくらい不利益があろうが、「せっかく当選したんだから……」ということで、相手からの追加請求にすんなり応じてしまうのです。

もともと私たちは、贈り物に弱いのです。

だから、交渉や打ち合わせに出掛けるときにも、手土産の一つでも持っていくとよいでしょう。**そうすれば、交渉が思いのほかスムーズにいきます。**

「つまらないもので恐縮ですが……」と言いながら、スイーツの詰め合わせなどを差し出せば、相手は相好《そうごう》を崩して喜ぶでしょう。

そして、その後の交渉や打ち合わせでは、そんなに厳しい条件を突き付けたりはしなくなるでしょう。

こういう〝プレゼント作戦〟は、どんどんやるべきです。

多少の出費になるかもしれませんが、それを補《おぎな》って余りあるほどの利益を享受《きょうじゅ》することができるからです。**プレゼントをもらった人は、くれた人に対して好意的な対応をして**

くれるのです。

それを確認したのがアメリカにあるメリーランド大学のアリス・アイセンです。アイセンは、平日の昼間に一人で歩いている人に声を掛け、無料でお菓子をプレゼントしました。それから、「自動車やテレビについての消費者調査をさせてもらえないでしょうか？」とお願いすると、いきなり調査をお願いした場合に比べて、17％ほど多く応じてくれることを明らかにしました。

私たちは、無料で何かをもらうと、「なんだか悪いなあ……」という気持ちになり、その後は、相手の依頼に応じやすくなるのです。

人に贈り物をするのがイヤだという人がいます。プレゼントをすることが賄賂《わいろ》か何かのように感じてしまうのでしょう。

しかし、そんな理由でプレゼントをしない人は、人間の心の機微《きび》というものを少しもわかっていません。お金を渡すわけではないのですから、贈り物はどんどんしなければなりません。

だれに会うときにでも、手土産を持っていくことを習慣としている人は、おそらくだれからも好かれるでしょう。

また、会う人すべてを、自分のファンにすることができるでしょう。

そういう人間になれば、どんな人もあなたの味方になってくれるはずです。

POINT

人は贈り物をされると依頼に応じやすくなる
交渉の場には、必ず手土産を持っていくようにしよう

10

恐怖で相手を動かす

アメリカ外交の特徴は、「穏やかに話せ、ただし棍棒《こんぼう》を持ちながら」だといわれています。これを「棍棒外交」といいます。もともとは、第26代大統領セオドア・ルーズベルトが言い出した言葉です。

人にお願いするときには、あくまでも穏やかに話さなければなりません。だけど、その一方で、しっかりと〝恐怖〟を与えることを忘れてはいけません。人は恐怖を感じる相手の要求を断れないのです。

ヤクザの会話術は、まさにアメリカの棍棒外交と同じで、最初は穏やかに話し始めます。けれども、少しずつ「地を出す」というか、脅しの言葉を織り交ぜながら、自分の言い分を相手に呑《の》ませていきます。

言葉はできるだけ丁寧にします。しかし、目には力をグッと込めて、睨み付ける感じにします。時折、机をコツコツと指で叩《たた》いたり、顔を相手に近付けながら心理的に威圧していきます。こういう態度を見せることが非常に重要です。

繰り返しますが、私たちは、「怖い人の言うことは、素直に聞く」のです。

人を動かすときには、いろいろなやり方があります。

たとえば、ユーモアを交えて相手を楽しませながら言うことを聞かせる方法や、理を尽くして論理的に説得する方法などです。

しかし、そんなやり方よりも、はるかに効果的なやり方があります。それが〝恐怖を与えて脅す〟方法なのです。

アメリカのペンシルベニア州にあるベーレント・カレッジのマリー・ピントは、3000件以上の印刷広告を分析し、**〝恐怖〟を与えるやり方が最も説得力がある**ことを突き止めました。
「口が臭いと嫌われますよ」
「この商品を買わないと、身の安全は守れませんよ」
というように、人々が持つ恐怖に訴えるやり方が最も効果的だったのです。

日本人は、性格が穏やかで、人当たりの良い人が多いので、相手を脅すようなやり方には、生理的に反発を抱くかもしれません。ただ、相手を心理的にグイグイ追い詰めるようなやり方を取らなければ、なかなか言うことを聞かせられないという現実も知らなければなりません。

穏やかに話すのはいいですが、それでも心の中では、「必要とあらば相手を殴ってでも言うことを聞かせてやる」という意識がないと、〝凄《すご》み〟を出せないのではないかと思います。

もちろん実際に殴ってはいけませんが、そういう意識を持っていないと、相手を威圧することはできません。

普段は温厚な人間でもかまいませんが、必要なときには、虎にでも狼にでもなるという気持ちを忘れてはなりません。

POINT

穏やかなだけでは言うことを聞かせられないのが現実
必要なときは虎にでも狼にでもなるという覚悟を持とう

11

大きな声で威圧する

交渉では、どれだけ相手を心理的に委縮《いしゅく》させることができるかが非常に大切です。

論理的な話し方であるとか、プレゼンテーションのうまさとか、資料の出来栄えなどはあまり関係がありません。

交渉の成否《せいひ》は、どれだけ相手にプレッシャーを与えられるかで決まります。

その意味では、実は「声」がとても大切なのです。

裏社会で生きる悪人たちは、そのことをわかっていて、どんな声を出せば相手が言うことを聞きやすくなるかも知っています。

ウシガエルの世界では、大きな声で鳴くオスほど、メスを引き付けることが知られています。声の小さなオスは、メスに気に入られることはありません。ウシガエルの世界での勝負は、〝声がすべて〟なのです。

人間の世界では、声だけですべて決まるということはないですが、交渉における優劣のかなりの部分を声が占めていることは言うまでもありません。

人を威圧できる声が出せる人間ほど、どんな交渉でも優位に立つことができるのです。

蚊の鳴くような声で、ボソボソとしゃべっていたら、どうなるでしょうか。おそらくは、だれもその人の意見に耳を貸そうとはしないでしょう。どんなにいい話をしていても、聞く耳を持たれないでしょう。その点、威勢のいい声で話す人の言うことなら、だれでも従おうという気持ちになるはずです。

読者のみなさんも、説得力、交渉力を高めたいのなら、今よりもずっと大きな声を出す

ようにすればいいでしょう。

それを心掛けるだけでも、格段にみなさんの交渉力は高まります。

アサヒビールの会長だった樋口廣太郎《ひぐちひろたろう》さんは、とにかく「大きな声を出せ」というのが持論であったようです（馬杉一郎著『大きな声で話すヤツが出世する！』参照）。

声が小さな奴は、元気もなく、覇気もなく、人を動かせないというのがその理由です。樋口さんは、「挨拶《あいさつ》の声の小さな奴は、何をやらせてもダメだ」と言っていたそうですが、実際にそうだと思います。心理学的にもこれは裏付けがあります。

アメリカのマサチューセッツ州にあるブランダイス大学のリカルド・ゴドイは、話すときの声の大きさと、その人の経済的な豊かさには比例関係が見られることを発見しています。大きな声の持ち主であるほど、収入は高くなるのです。

なぜ大きな声の持ち主がお金持ちになれるのかというと、そういう人は、「人を動かす」ことができるからです。小さな声でしゃべっていたら、だれも言うことなどは聞いてくれません。とにかく、いつでも大きな声で話すことが大切です。

あまり大きな声で怒鳴りまくっていると喉を痛めてしまうかもしれませんが、小さな声でしゃべってナメられるよりは、大きな声でしゃべっているほうがずっと安心です。

POINT

小さな声で説得しても相手は聞く耳を持ってくれない
大きな声で相手を威圧し、優位な立場で交渉を進めよう

12

相手の無知に付け込む

私たちは、〝よく知らないこと〟に関しては、相手の言いなりになってしまうものです。

パソコンに詳しくない人が、家電量販店に買い物に出掛けて、詳しい店員さんに、「こちらの商品がおススメですよ」と言われれば、それを買うしかありません。

何しろ、自分では何の判断もできないので、処理速度がどうのとか、メモリがどうのと丁寧に説明されても、何もわからないのですからどうしようもありません。

自動車に詳しくない人は、整備点検をお願いしたときに、修理工の言いなりにならざるを得ないでしょう。「ベアリングが壊れそうなんで、新しいものに取り換えてもいいですか？」と言われれば、「はい、頼みます」としか答えられません。

もちろん、家電量販店の店員さんや、自動車修理工場の従業員は、大半が善意の人たちですから、いらないものまで売り付けようということはあまりしないので安心できます。

ところが訪問販売詐欺は、違います。

訪問販売詐欺とは、相手の無知に付け込んだ詐欺です。彼らが悪質なのは、お金を巻き上げることしか考えていないことです。家電量販店の店員さんとは、最初からわけが違います。取り換えが必要のないところで、取り換えを勧めてくるのです。

たとえば、マンションに引っ越して間もない部屋を尋ねて、「浄水器の無料点検」などと偽って部屋に上がり込みます。そして、「ああ、このマンションの貯水タンクだと、カートリッジは4か月で使えなくなっちゃうなあ……」などと、それらしいことをつぶやきながら、いろいろな機器の購入を勧めてくるのです。無知な住人は、心配になって、必要のないものを買わされるハメに陥《おちい》ります。

私たちが、判断をしたり、意思決定をしたりするときには、どうしても情報と知識が必要です。それらが判断の基礎になるのであって、そもそもの知識がなければ、判断の下しようがありません。

アメリカにあるオレゴン大学のマリアン・フリースタッドによると、私たちは、知識がないことに関しては、セールスマンの言いなりになるのが得策のようです。セールスマンの善意を信用し、彼の言うことに従ったほうが、正しい決定ができるからです。

ただし、それはあくまでもセールスマンが善意で対応してくれる場合だけです。

基本的に、人を説得するときには、相手が理解しやすいように、納得してもらえるようなやさしい言葉で話したほうがいいとされています。

普通のビジネス本や交渉の本には、そんなことが書かれています。

しかし、それとは反対に、**あえて相手の思考能力を奪うために、わざと理解できないような専門用語などを織り交ぜてしゃべったほうがいいというケースもある**のです。

無知な相手に判断をさせないように、自分の言いなりにさせるという説得の手口がある

ということも覚えておくとよいでしょう。

POINT

情報や知識がなければ、人は判断できない
無知な相手は難解な言葉で混乱させ、思考能力を奪おう

13

誰もが持つ不安を煽る

私たちの心配事は、お金のことか、仕事のことか、健康のことくらいだといわれています。若い人になると、ここに恋愛が加わりますが、せいぜい三つか四つです。これが私たちにとっての、基本的な悩みだといってよいでしょう。

詐欺師は、それをちゃんとわかっています。

だから、彼らは美容品であるとか、サプリメントを販売対象によく選びます。たいていの人は「美容と健康」に根源的な不安を抱えていることが多いからです。「もっと美しくなりたい」「もっと長生きしたい」というのは、どんな人も同じように抱えている願望であることは疑い得ません。

では、美容関係の詐欺師はどんな手口を取るのでしょうか。

まず彼らは、「無料の美容診断を受けてみませんか?」などと通行人に声を掛けます。たいていの人は美容に興味がありますので、「無料」という言葉で判断がマヒさせられ、ノコノコと営業所のような場所についていってしまうのです。

もちろん、この無料診断というのは、インチキです。

「あなたの肌年齢は実年齢より20歳も上ですよ」とか、「お肌がボロボロになりますよ」という不安を煽《あお》る結果だけが伝えられ、ホメてもらえることは、まずありません。不安を煽るためだけの診断なのです。

当然、不安を煽られた人は、どうすればいいのかを尋ねるわけですが、美容器具や、エステのチケットなどを購入させられることになるのです。それらを購入すれば大丈夫というわけです。

不安を煽るのは、人を説得するときに非常に役に立ちます。大きな不安を煽れば煽るほ

ど、言うことを聞かせるのはたやすくなります。

アメリカにあるサウス・イースタン大学で行われたジェロルド・ヘイルの実験では、「紫外線を避けよう」というメッセージに対して、「日焼けすると肌が痛い」という弱い不安を煽る文章と、「紫外線は皮膚がんを引き起こす」という強い不安を煽る文章の比較が行われました。

その結果、強い不安のほうが人の判断をマヒさせて、紫外線を避けるための行動を取らせる上で効果的であることが確認されたといいます。

もし美容にこれっぽっちも関心がない人がいるとしましょう。

キレイになりたいという気持ちがこれっぽっちもない人は、美容詐欺師に何と言われようが、まったく気にならないでしょう。

「あなたは、もっと自分の肌を大切にしなくちゃ」

と不安なことを言われても、それでも耳を貸すことはありません。

私たちは、そもそも興味や関心のないことでは説得されないのですが、詐欺師は、大半の人に興味がありそうなところで、詐欺を行おうとします。だから、みんなダマされるのです。

詐欺師にとって、美容品販売は、まさにうってつけのビジネスなのです。

POINT

人は興味や関心のないことでは説得されない
相手の不安や願望をクローズアップし、抜け出せなくしよう

14

秘密で興味を惹き付ける

形あるものだけが商品になるわけではありません。

最近では、形のない〝情報〟が立派な商品として売られています。

しかも、結構高額なのです。

読者のみなさんは、インターネットの掲示板やバナー広告で、「収入が無限に増える方法を教えます」とか、「月に100万円稼げる在宅ワーク」といった広告を目にしたことはないでしょうか。

売っている人は、ノウハウという情報を売っているのです。

もちろん、情報として価値のあるノウハウを売っているのであれば何の問題もないのですが、中には情報としての価値がまったくない〝詐欺まがい〟のものも多いので、ダマされないように注意してほしいです。

この手口のうまいところは、お金を払うまで、情報が隠されていることです。

「お金を払ってくれた人だけに、秘密のノウハウをこっそりとお教えします！」

そんな形式になっています。

情報というものは、相手に知られた瞬間に、その価値を失ってしまいます。

だから秘密にしておくのですが、困ったことに、私たちは〝秘密〟にされたものには、ひどく興味を惹《ひ》かれてしまうのです。

だから、詐欺に引っ掛かる人が後を絶たないのです。

「どうせ、大したノウハウは教えてくれないんだろうなあ」

「どうせ、ロクでもない情報だけが書き連ねてあるんだろうなあ」

心のどこかではそう疑いながらも、やはり〝秘密のノウハウ〟を知りたくなってしまうのが人情です。

これを、心理学では〝カリギュラ効果〟と呼んでいます。

カリギュラ効果とは、ローマ皇帝カリグラをモデルにした映画『カリギュラ』が語源で、人には好奇心があり、怪しいとわかっていても興味を惹かれてしまうという現象を指します。

アメリカにあるシカゴ大学のクリストファー・シーによると、人間の好奇心はものすごく強いので、たとえイヤな結果になることが目に見えていても、それでも情報を知りたくなってしまうのだといいます。雑誌や単行本では、〝袋とじ〟を企画すると、売り上げが増すといわれていますが、これもカリギュラ効果でしょう。

私たちは、秘密にされると、それが気になってどうしようもなくなるのです。袋とじの企画は、大して面白くもないことが多いのですが、それでもやはり袋を破って読みたくなるのが人情です。

あまり言いたくはないのですが、私も講演会やセミナーに講師として呼ばれるときには、カリギュラ効果を使っています。主催者にお願いして「参加してくださった方にだけ、こっそりと秘密の心理テクニックをお教えします」という文句を入れたパンフレットやビラを作ってもらうと、集客効果が高くなるのです。

もちろん私は、本当に内緒にしているテクニックをお教えしているので、詐欺行為をしているわけではありません。

POINT

秘密は好奇心を強力に刺激する
「まだメリットが隠されているのでは」と思わせよう

15

悩んでいる状態の人を狙う

「失恋したばかりの女の子は落としやすい」という俗説があります。

失恋して、心が傷付いている状態なら、やさしさが身に染みるだろうからという理由です。失恋に限らず、悩んでいる状態というのは、ものすごく操作しやすいのです。

ダマすためのターゲットとしてはうってつけなのです。

悩んでいる人は、被暗示性が高く、だれの言うことでも素直に信じ込んでしまいやすいからです。

特に女性は、もともとの被暗示性が高いので、ダマされやすいのです。

ドイツにあるブレーメン国際大学のイェンス・フォルスターは、女性のほうが、男性よりも暗示にかかりやすいということを実験で確認しています。

ブロンド髪の女性に向かって、「金髪女性は頭が悪いのです」という暗示をかけると、本当にＩＱテストの点数が低くなってしまうというのです。

もちろん、男性だって不安が強く、悩んでいる状態なら、基本的に被暗示性は高くなり、人の言うことを何でも聞いてしまいます。

たとえば、大学生を狙った、就活詐欺という手口もあります。

就職の意識調査だと声を掛け、連絡先を聞き出し、後日就活セミナーの説明会に呼び出します。そして、「今のままだと就職なんてできない」「コミュニケーション能力を高めるセミナーを受講しよう」と勧誘し、有料講座の契約をさせるのです。

就活を控えた大学生は、ちょうど悩んでいる状態にあります。

そんな彼らをダマすのは、わけのないことなのです。ちょうど失恋した直後の女の子と同じような状態だからです。

インチキ占い師でも、なんとかなってしまうのは、そもそも占いにやって来るのは、悩んでいる状態の人だけだからです。

悩んでいるから、彼らは相談にやって来るのであって、そんな人であれば、いくらでも簡単にダマすことができます。

「あなたは、こうしたほうがいい」
「あなたは、こうすれば大丈夫」
「あなたは、実はこういう人です」

そんなことを言われると、心に悩みがある人は、「なるほど、そうなのか」と簡単に飛び付いてしまうのです。

占い師からしてみれば、次から次へと、心に悩みを抱えて、暗示にかかりやすいカモばかりがやってきてくれるのだから、笑いが止まりません。

人を動かしたいのなら、相手が意気消沈しているときや、仕事でイヤなことがあったときなどといったタイミングを狙うとよいでしょう。

そういうタイミングならば、あなたの言葉は相手によく染みることでしょう。

POINT

同じ交渉相手でも、説得しやすい状態としづらい状態がある
相手がどんな状況かを見極め、成功率の高いときを狙おう

16

ダマされた人をさらにダマす

一度ダマされた人というのは、おそらく同じ失敗を、二度、三度と繰り返すことになるでしょう。なぜなら、**ダマされやすい人というのは、基本的に、お人好しで、正直なところがあるので、何度でもカモにされてしまう**のです。

「泣きっ面に蜂」という言葉がありますが、わざわざ過去に詐欺に遭った被害者を狙う詐欺があります。

たとえば、高額な宝石や、絵画などを買わされた被害者にコンタクトを取り、「あなたが買わされた商品の代金を取り戻すことができます」とウソをついて、解約のための代行サービスを持ち掛け、さらにお金をむしり取るのです。

もちろん、解約の代行などするわけがありません。高額な商品を売り付けたのは、自分の仲間であり、もともとグルなのです。

「名簿屋」と呼ばれる人たちの間では、過去に被害に遭った人たちの電話や住所が高値で取引されているという話を聞いたことがあります。

なぜ被害者の名簿が高いのかというと、一度でも被害に遭った人は、何度でもダマせるからです。要するに、被害者の名簿というのは、カモの名簿ということなのです。

だから、詐欺師たちには重宝されるのです。

常識的に考えれば、私たちは、一度でも痛い目を見れば、それに懲りて将来的には気を付けるようになると思うでしょう。ところが、実際にはそうならないのです。**人間は、基本的に同じ失敗を何度も何度も繰り返す**ものなのです。

アメリカにあるワシントン大学のレイ・トンプソンによると、私たちの多くは、自分の失敗についても、自分の弱みについても、よく知っているのだそうです。にもかかわらず、同じような失敗を繰り返してしまうものらしいのです。

人間は、「失敗の原因」をきちんと認識していても、それでも失敗を避けるのはなかなか難しいのだとトンプソンは指摘しています。

つまらない男に引っ掛かる女の子は、将来的にも、やはりつまらない男にばかりホレてしまうでしょう。「こういう男は、たいていろくでなしだ」とわかっていても、それでもやっぱり好きになってしまうのです。失敗の原因をわかっていることと、それを上手に避けられることとは、まったく別次元の話なのです。

人間には、一貫性があるので、イエスと言いやすい人は、どんなときにでもイエスと言いやすいので、そういう人にお願いしたほうが、みなさんの要望にも応じてくれる確率は高くなるのです。

POINT

人間は過去と同じ判断を繰り返しやすい
自分の要求と同じような要求に応えたことのある人を探そう

第2章

すぐに使える悪人の心理術

17

目先の利益を強調する

私たちは、遠くの未来を想像することが苦手です。

たとえ未来に地獄が待っていようとも、目の前に天国があれば、ホイホイとそちらに惹き付けられてしまうものなのです。

最近、流行りの闇バイトもそうです。SNSやインターネットの掲示板などで、短時間で高収入が得られるなどとうたい、甘い言葉で募集をかけて人を集めるのです。そして、闇バイトは応募の際に個人情報を取られ、犯罪に加担させられ、バラすぞと脅され、捕まるまでやめられないのです。

マルチ商法も似ています。マルチ商法は、組織のピラミッドの上位の人から商品を買い、それを下の階級の人へ売るというシステムです。売るものは商品であったり、サービスであったりして、いろいろなかたちが存在します。自分の下にだれかが加入してくれれば、紹介料や、仲介料がジャンジャン入ってくるという目先の利益が強調されて、ダマされる人が後を絶ちません。もちろん、世の中にそんなにうまい話はなく、下の人間などそうそう見つかるものではありません。そのため、自分で商品を大量に購入せざるを得なくなり、結局は、大損することになっています。

なぜ、捕まったり、大損することが目に見えているのに、闇バイトやマルチ商法に引っ掛かる人が多いのでしょうか。それは、人間が強欲だからです。

人には〝目先の利益〟ばかりを考えて、将来的なリスクを考えない傾向があります。昔の人は、「捕らぬ狸《たぬき》の皮算用《かわざんよう》」という、うまい言葉を残しています。

オランダにあるアムステルダム大学のヴァン・デン・プッテは、目先の利益を強調することが説得を成功させる秘訣の一つであると指摘していますが、私たちは利益を強調されると、将来的な不利益については考えが及ばなくなるのです。

みなさんが何かの病気に苦しんでいるとして、「すごく良く効きます」と医者から勧められた薬があれば、おそらくその薬を服用するでしょう。

たとえ、「副作用があって、頭痛と吐き気が出ます」と説明されていたとしても、そちらの説明はあまり耳に入らずに、喜んでその薬を服用すると思います。

人間は欲深い生き物なので、目先の利益ばかりを考えてしまうところがあります。

逆に言えば、相手にとっての目先の利益を強調するやり方をすれば、たいていの人は簡単に転んでくれる、ということでもあります。

相手にとって、どんな利益があるのか、それをじっくりと考えて説得のダンドリをすれば、成功率はグンとアップするでしょう。

POINT

人は遠くの地獄を想像できず、近くの天国に惹き付けられる
目の前にある利益を強調し、リスクを隠してしまおう

18

比喩表現を使って相手を恫喝する

「期限やで、返済してもらおうか」

「違法な金利を払う必要はないはずです」

「なんや、借りるとき、金利のこと知らんかったんかいな」

「いいえ」

「知っとる？　じゃ納得ずくで借りたんやないか」

「ええ、まあ、そういえばそうですけど……」

「おい、こらっ！　注文したメシ腹いっぱい食うてから味がどうのとケチ付けんのか！　借りるときはお願いしますの〝米つきバッタ〟で、返すときはふんぞり返んのか。人様の大事な金借りといて踏み倒す気か！」


ヤクザの世界も、「腕っぷし」で勝負していたのは昔の話です。

今のヤクザは、話術の腕を磨きに磨いています。相手を殴ろうものなら、すぐに警察に引っ張られるご時世です。こんな時代だからこそ、ヤクザも話術を磨いているのです。

ヤクザの話法で、「うまいな……」と感心させられるのは、巧みな〝比喩《ひゆ》〟です。**彼らは、比喩を使いながら、相手の立場を悪くして、自分を被害者のように感じさせてしまう**ことさえあります。**比喩は、ものすごく効果的な説得法**です。

アメリカのイリノイ州にあるロヨラ大学のヴィクトール・オタッティは、286名の大学生を対象にして、「学生は、もっとたくさんの論文を書くべきだ」という説得メッセージの入ったテープを聞かせてみました。

ただし、半数の学生に対しては、比喩を用いて説得を行うテープを聞かせました。「野球でいうならば、猛練習ですよ」という具合です。

残りの半数に聞かせたもう一つのテープでは、「もっとたくさん勉強することが必要です」というように、比喩は使いませんでした。

さて、テープを聞いた学生たちに、どれくらいその主張に賛同できるのかを尋ねてみたところ、比喩を用いたほうが、説得効果が高いことがわかりました。

野球の比喩を使ったためか、もともとスポーツが好きな学生に対して特に効果が高かったです。

比喩を使って話をされると、私たちは、〝腑《ふ》に落ちる〟ようです。

抽象的な話をされてよくわからなくても、比喩を使って説明されると、「なるほど」とすぐに納得してしまうのです。

ちなみに、「人を動かす」のが歴史上で最も巧みな人物の一人といえば、イエス・キリストです。

キリストは、だれの心にも響く言葉を使って語り掛けましたが、比喩の名手でもあったそうです(ブルース・バートン著『イエスの広告術』)

人を説得するためには、比喩力を鍛えましょう。

たくさんの本を読み、たくさんの音楽を聴き、たくさんの映画やドラマを観て、いろいろな表現技法に精通していれば、自然と比喩力は磨かれます。

そして比喩力が身に付いてくれれば、みなさんの説得力はもっと高くなるはずです。

POINT

上手に比喩を使うことができれば、説得力は格段に上がる
普段から多彩な表現方法を取り入れ、比喩力を磨いておこう

19

無理難題をあえてぶつける

ヤクザの交渉術の基本は、相手が呑めないような要求をいきなりぶつけるところに特徴があります。

「それはムリだ……」と相手が度肝を抜かれるような要求をぶつけるのです。

もちろん、相手が応じられるわけがありません。

しかし、ここからがポイントなのですが、もともとヤクザだって、自分の提案が最初から受け入れられるとは思っていません。**わざと無茶な要求をぶつけて相手を混乱させ、その後で、本当のお願いを持ち出す**のです。

たとえば、だれかから200万円を借りたいとします。こんなとき、ヤクザはその2倍以上ものお金を平気で吹っ掛けてきます。

「500万ほど借りたいんだが、連帯保証人になってくれないか」

「それはちょっと」

「俺が信用できない？」

「いや、そういうわけじゃないんですけど」

「じゃ、どういうわけ？」

「さすがに連帯保証人は……」

「わかった、じゃ連帯保証人はいいや。その代わり200万都合をつけてくれ」

「ええ、それなら……」


これがヤクザの交渉術です。

彼らが200万円を欲しいと思ったときには、まず500万円なり、1000万円なりを吹っ掛け、段階的に譲歩したように〝見せかけ〟ながら、結局は、自分が欲しいと思っていた200万円で折り合いをつけるのです。

このテクニックは、〝ドア・イン・ザ・フェイス・テクニック〟と呼ばれています。

「ドア・イン・ザ・フェイス」とは、セールスマンの顔の前でドアをバタンと閉めるとい

う意味で、要するに「一回、わざと相手に拒絶させる」ことを指します。

私たちは、相手のお願いをいったん拒絶すると、なんだか自分が悪いことをしたような気持ちになります。そのため、相手から譲歩した提案をされると、「そちらはなんとか聞いてあげなければならないな」という心理になるのです。

その心理を逆手に取ったのが、ドア・イン・ザ・フェイス・テクニックなのです。本当のお願いは隠して、まず大きく吹っ掛けます。そして相手に拒絶させてから、初めて本当の要求を突き付けます。これがヤクザの交渉術なのです。

アメリカにあるサウス・キャロライナ大学のピーター・レインゲンの研究でも確認されています。

交渉をするときは、相手に断られることも織り込んでおくといいでしょう。

POINT

人はお願いをいったん断ると、次のお願いを断りづらくなる
まずは無茶な要求をして、わざと相手に拒絶させよう

20

まずは小さなお願いをしてみる

ヤクザの資金源といえば、昔から用心棒代や、みかじめ料です。

「おたくの店は、ウチの組でしっかり守ってやる。だから、みかじめ料を出してほしい」

というわけです。

しかし、法律の規制などもあり、最初から「みかじめ料を出してください」などと要求しても、「はい、そうですか」と受け入れる店主やオーナーはいません。余分なお金は1円だって払いたくないのが、経営者というものです。

けれども、そこがヤクザのうまさというか、いきなり多額のみかじめ料などを要求することはしません。

「ほんの少しのお花代もムリでしょうか？」

「おしぼりだけのお付き合いもダメでしょうか？」

と、ものすごく小さな要求からスタートするのです。

たいていの経営者は、「まあ、それくらいなら……」と、しぶしぶではあっても受け入れてしまいます。ところが、そこが地獄の入り口なのです。なぜなら、ヤクザは少しずつ要求をつり上げ、最終的には多額のみかじめ料をせしめるのです。

小さな要求を断れなかった人は、その後で、それよりももう少し大きな要求を出されても、「うう……、まあ、それくらいは……」と受け入れざるを得なくなります。

そうして、さらに大きな要求を出されても断れない状況に陥っていきます。こうやって骨までしゃぶられてしまうわけです。

実は、このテクニックはプロのナンパ師も使っています。プロのナンパ師は、女性に声を掛けるとき、最初から口説いたりはしません。

「すみません、ライターをお持ちでしたら、貸してもらえませんか？」などと声を掛けるのです。「ライターを貸すくらいであれば、大したことはない」と女性もあまり警戒せずにライターを貸してくれます。

ところが、ナンパ師はライターを借りると、「お礼を兼ねて、ぜひそこの喫茶店でお茶を奢《おご》らせてください」とか、「そこのバーで一杯だけ奢らせてください」と持ち込み、ナンパを成功させてしまうのです。

このプロのナンパ師の手口を、そのまま実験で確認した心理学者がいます。

フランスにある南ブルターニュ大学のニコラス・ゲーガンは、ショッピング・エリアを歩いている18歳から22歳くらいの女性に、男性アシスタントを使って声を掛けさせました。声を掛けるのは、タバコを手に持っている女性だけです。

男性アシスタントはまず、いきなり「お茶を飲みませんか?」と声を掛けてみました。このときの成功率は、わずか3・3%でした。たいていの女性は断ってきたのです。

次に男性アシスタントは、「火を貸してもらえませんか?」と小さなお願いからスタートしてみました。そして、火を貸してもらえたら、すぐに「もし時間があればお茶を飲みませんか?」と尋ねてみたのです。すると、火を貸してもらうという段階を一つ経ただけで、成功率は15・0%へとアップしたのです。

私たちは、小さなお願いに応じると、それよりも大きなお願いにもついでに応じてしまうものなのです。

ヤクザやプロのナンパ師は、こういう人の心理をよく知っているのです。

POINT

人は一度「イエス」と言うと、次のお願いも断りづらくなる
まずは、ハードルの低い要求からスタートしてみよう

21

簡単な要求で片足を突っ込ませる

お金を持っていそうな社長に、自分が所有しているマンションや別荘などの物件を売りたいとしましょう。

このとき、「社長、買ってください」といきなりお願いしても、相手はそうたやすくはうなずいてくれません。

では、裏社会の悪人たちはどうしているのでしょうか。

「社長は、いろんな人とお知り合いでしょう」などと歯の浮くようなセリフで、まずは気持ちよくさせます。「顔が広い」と言われれば、たいていの人は嬉しくなって、「まあ、そうですな」などと答えてしまうでしょう。

そこで、「あるマンションの買い手を探してもらえないでしょうか。もちろん、うまく成約したら社長にも紹介料のようなかたちで謝礼もできますから」と持ち掛けます。当然、社長は自分が買うのではなく、ただの紹介だけでいいと思うので、簡単に引き受けてくれるでしょう。

しかし、買い手などそうたやすくは見つかりません。

そして、何度も催促しながら、結局は、その社長に買ってもらうように仕向けていくのです。「社長が胸を叩いて引き受けてくださったから、僕もずいぶんと待ったんですよ。それを今さら〝やっぱりダメでした〟はないでしょう」と言われれば、社長としても買わざるを得なくなります。

このテクニックは、〝踏み込み法〟と呼ばれています。

まず小さなお願いをして、相手に〝片足を突っ込ませる〟ように仕向けます。片足を突

っ込ませてしまえば、後はそれと本来無関係なお願いであっても、なかなか相手は断ることができなくなっていくのです。

私たちは、片足を突っ込んでしまうと、最初のお願いに縛られ、そこから抜け出せなくなるのです。**人は一つでもお願いを聞いてしまうと、その後にまったく無関係のことをお願いされても、そちらまで引き受けてしまう**ことが知られています。

踏み込み法は、ものすごく効果的な方法なのです。

アメリカのペンシルベニア州にあるテンプル大学のブルース・リンドは、街中を歩いている人に声を掛け、「テレビ視聴に関する質問を二つ三つしてもかまいませんか？」と小さなお願いをし、快く応じてくれたら、次に「旅行チケットを買ってもらえませんか？」とお願いしてみました。

質問に答えることと、旅行チケットを購入することはまったく関係のないお願いにもかかわらず、たいていの人は2番目のお願いにも応じてくれたといいます。

私たちは、ちょっとでも相手のお願いを聞いてしまうと、それよりも大きなお願いをされたときにも、断れなくなるのです。

POINT

一度お願いを引き受けると、無関係なことも引き受けてしまう
簡単な要求を呑ませてから、本当の要求をぶつけよう

22

ハニートラップを仕掛ける

酔っ払ったサラリーマンなどに、わざとナンパされるという手口があります。

ナンパされる女性は、当然〝サクラ〟です。声を掛けられた女性は、「私の知っている居酒屋だったら、行ってもいいよ～」などと答えて、ぼったくり店に連れて行くわけです。

声を掛けた男性も、「居酒屋だったら、そんなに高くもつかないだろう」と安心して、女の子が行きたいというお店に連れて行くことになります。

最近では、かつてのぼったくり店ほどひどくはないものの、「プチぼったくり居酒屋」が結構存在するようです。ネットで調べれば、店名も知ることができます。

プチぼったくり居酒屋では、わけのわからない席料やら、週末料金やら、チャージ料などがさりげなく加算され、明らかに高くつきます。

さらにサクラの女性は、お店側の人間と示し合わせていて、自分はお水を飲み、男性には強い酒を飲ませます。そうしてさらに男性を酔わせた上で、「もう一軒くらい、違うお店に行ってみたい！」と同じ系列のお店を引っ張り回すのです。

女性のサクラを仕立てる、いわゆる〝ハニートラップ〟は、ものすごく古典的な方法ですが、**それが今でも存在しているということは、この効果が極めて有効であることを物語っている**といえるでしょう。

政治の世界でも、女性のスパイを使って情報収集を行うハニートラップが行われているといいますし、ビジネスの世界でも、女性の産業スパイがいるといいます。

男性は、相手が同性である場合には、緊張して臨戦態勢で身構えますが、相手が女性であるというだけで、一気に緊張を解いてしまうのです。

アメリカにあるウェスタン・キャロライナ大学のミリセント・エイベルは、同じように悪いことをしても、その加害者が女性であるというだけで、男性は「まあ、許してやるか」という気持ちになることを確認しています。男性は、女性には甘いのです。

この心理を使えば、たとえば、男性と交渉するときには女性を連れて行く、あるいは女性の担当者に行かせるという作戦が考えられます。

男性同士で交渉していると、どうしても険悪な雰囲気になりやすいですし、丁々発止《ちょうちょうはっし》のやり取りになってしまいます。競争意識、ライバル意識が働くからです。

ところが、交渉人に女性を立てれば、相手もニコニコとしながら、気持ちよく交渉をしてくれるかもしれません。もちろん、大幅な譲歩だって期待できるでしょう。ただし、相手が男性のときだけです。交渉相手が女性だと、こういうわけにはいきません。

出版の世界でもそうで、男性の作家さんの多くは、編集者が女性というだけで、出版社の言い分を喜んで受けてしまうことが多いようです。

男性の編集者には厳しいことを言う作家さんでも、女性の編集者には、ニコニコと応対してくれます。ハニートラップとまでは言いませんが、女性編集者がお願いしたほうが、執筆依頼も引き受けてもらえる確率は高くなるのではないかと思います。

男性が相手の厳しい交渉には、あえて女性を交渉人にするのも一つの手です。そうすれば、相手も手心を加えてくれるかもしれません。

POINT

「男性は女性に弱い」は普遍の心理法則
古典的なやり方と侮《あなど》らず、その効果を最大限に利用しよう

23

見た目で相手を威圧する

ヤクザは、見た目にこだわります。

一般人にしか見えないようなヤクザもいますが、大半のヤクザは、すでにもう見た目が違います。高そうなネックレスや腕時計、シャツからはちらりと入れ墨がのぞいています。乗っているのは黒塗りのベンツで、高価なスーツを着ています。そして、財布がパンパンに膨らむほどの現金を持ち歩いています。

なぜ、彼らが見た目にこだわるのでしょうか。

その理由は一つしかありません。**〝自分を大きく見せる〟ため**です。

動物の世界では、競争をするときに見た目が強そうな個体が有利です。立派な羽根を持っているとか、大きなたてがみを持っているとか、大きなキバを持っているとか、とにかく大きな個体がいつでも強いのです。人間の世界も同じで、見た目が大きくて強そうなら、最初から有利な勝負ができるのです。

色でいうと、ヤクザは「赤」や「黒」の洋服を好みます。なぜ、「赤」か「黒」なのかを心理学的にいうと、それらが「パワー・カラー」だからです。**赤や黒は、〝強さ〟に関係する色なのであって、そういう色を身に着けていると、自分を大きく見せ、相手を威圧できる**のです。

ヤクザや暴走族の人たちが、真っ赤なシャツを着たり、髪の毛を赤く染めたりするのは、そうすると「強そうに見えて、人にナメられなくてすむ」ということを知っているからでしょう。赤色は、勝負に勝ちやすくなる色なのです。

２００５年、イギリスの科学雑誌『ネイチャー』で驚くような論文が発表されました。

発表したのは、イギリスにあるダラム大学のラッセル・ヒルです。

ヒルの研究グループは、２００４年のアテネ・オリンピックで行われたグレコ・ローマンスタイルのレスリング、フリースタイルのレスリング、テコンドー、ボクシングの全試合の結果を集めて、赤いウェアや、赤いヘッドギアを着用するように割り当てられた選手と、青いウェアや青のヘッドギアを着用するように割り当てられた選手での、勝率を調べてみました。すると、四つの競技すべてにおいて、赤いウェアの選手のほうが勝率が高かったというのです。その勝率の差は20％にも広がっていたといいます。

オリンピックに出場するくらいの選手になれば、お互いの実力は拮抗《きっこう》しています。赤いウェアを割り当てられた人が、たまたま強い選手ばかりだったということも考えづらいです。

この結果からもわかるように、人間は赤いものを身に着けていると、心理的に強くなれるのです。あるいは、相手は赤色に気圧《けお》されて、負けてしまうのです。

アメリカのビジネスパーソンは、ここぞという交渉に臨むときには、赤色のネクタイを身に着けるといいます。**交渉の世界では、見た目がモノを言います。できるだけ強そうに見えるようにしておかなければ、どんなに口先で相手を説得しようとしても、うまくいくはずがない**のです。

POINT

ヤクザが見た目にこだわるのには、科学的な根拠がある
交渉の場に臨むときには、自分を強く見せるよう心掛けよう

24

自分の力を間接的に見せ付ける

自分に力があることは、目の前の当人に直接見せ付ける必要はありません。ほかの人に見せ付けているところを、〝目撃させる〟だけでも、同じような心理効果があるからです。

ヤクザの兄貴分は、追い込もうとする相手本人ではなく、弟分に対してキレて見せたりすることがあります。

「お前が失礼なことを言うから、お客さんが困っているじゃねえか！」と怒鳴りつけ、鼻血が出るほどぶん殴って見せるのです。もちろん、弟分にキレて見せるのは演技です。弟分もそれがわかっているから、大げさに痛がって見せるのです。

ほかにも、どこかへ電話をかけて、その相手にキレているところを見せることもあります。そうすることで、「自分は怖い人間なんですよ」というアピールを行うわけです。

その場面を目撃した相手は、自分が殴られたわけではないものの、殴られたときと同じような恐怖を感じるのです。

私たちは、実際に自分に対して痛みを与えられなくとも、それを目撃するだけで、同じくらいのストレスを感じます。

これはサルも同じらしく、ある実験では、サルが電気ショックを受けている場面を、別の檻《おり》にいるサルに目撃させてみたことがあるそうです。すると、電気ショックを受けていないほうのサルも怯《おび》え出し、鳴き声を上げ、同じようなストレス反応を見せたといいます。

学校の先生も同じテクニックを使います。

クラス全体が騒がしいときには、だれか一人の生徒の名前を呼び、その生徒を厳しく叱るのです。それを目撃したほかの生徒たちは、一瞬で静かになるのです。自分が叱られたわけではないのにです。

このようなテクニックを、心理学では〝**観察学習効果**〟と呼んでいます。

自分が直接何かをされたわけではないのに、他人がされているのを見れば、私たちはそれを観察することによって、「こうすると危ないのだな」ということを学習するのです。

直接、相手に暴力を振るったり、言葉で追い詰めたりすると、脅迫になってしまいます。

だから、自分がパワーがあることを誇示《こじ》したいときは、そういう姿を見せてもよい相手（サクラ役）を選んでパワーを誇示し、その場面を相手に観察させるようにすればいいのです。それだけでも、同じような効果が期待できます。

交渉相手に自分が怖いところを見せたいのなら、部下を同伴して、その部下にキレて見せるのはどうでしょうか。これは、なかなか良いアイデアだと思います。ヤクザの兄貴分が、弟分にキレて見せるのと同じです。

交渉相手には、あくまでも丁寧に接するのですが、部下に対しては、ものすごく非道な接し方をしている場面を目撃させれば、相手もそんなに強硬な姿勢は取らなくなるのではないかと思います。

POINT

自分の力を直接相手に見せ付ける必要はない
丁寧に接しながら、間接的に自分のパワーを目撃させよう

25

腰の低さで相手を感動させる

たいていの人は、偉くなってくると、尊大でイヤな態度を見せるようになります。職場でも地位が高くなった途端、部下を呼び捨てにしたり、虫けらのように扱う人もいます。

しかし、本当は逆のことをしなければなりません。

つまり、偉くなってきたら、逆に、丁寧な対応を心掛けたほうがいいのです。なぜなら、「あんなに偉い人が、僕のような下っ端にも丁寧に接してくれる」ということで、相手を感激させることが可能だからです。

ヤクザでも、大親分になると、だれに対しても腰が低く、丁寧に対応します。そうやって人望を集めるのです。

俳優の勝新太郎さんは、まだ売れていない若手とお酒を飲むとき、自分で水割りを作ってあげたりしていたといいます。「あの勝さんが、僕なんかのためにお酒を作ってくれた！」と、若手はみんな感激し、勝さんのファンになってしまったそうです。

偉くなってきたときこそ、腰の低さは重要です。

イスラエルにあるベンギュリオン大学のタマール・ウォルフィッシュは、同じ内容の詫び状だとしても、**地位が高い人の書いた詫び状のほうが、地位が低い人の書いた詫び状よりも、相手を感激させる効果がある**と指摘しています。同じ「ごめんなさい」というお詫びでも、地位が高い人からの言葉のほうが、相手は嬉しさを感じるのです。

なぜなら、「偉い人は謝らない」という先入観のようなものを人は持っていて、その先入観を裏切るからです。

偉くなってきたときこそ、腰の低い対応をすれば、「あの人は立派だ！」「あの人は素晴らしい！」となって、評判はかえって高くなります。

もちろん、地位が低くても、腰の低い対応をするのは悪くないことですが、地位が低いときには、「あいつはだれにでもペコペコしていやがる」とか、「あいつはプライドっていうものがないのかね」などと悪く受け取られてしまう危険性もあります。

その点、地位が高い人が頭を下げていれば、「ペコペコしている」というような受け取られ方は、あまりされません。安心して腰の低さをアピールできるのです。

企業の経営者であるとか、重役クラスの人というのは、たいてい偉ぶった態度を見せるものですが、それは自分の株を落とすだけです。

「実るほど頭が下がる稲穂かな」ということわざもあるように、地位が上がってきたときには、偉そうな態度を微塵《みじん》も見せず、むしろ、だれよりも腰の低さをアピールしたほうがいいでしょう。

お医者さんであるとか、弁護士であるとか、世間的に「先生」などと呼ばれる職業の人も、自分が偉くなったような勘違いをよくするものですが、そういう勘違いをしている人は、陰口を言われていたり、バカにされていたりすることを忘れてはなりません。

自分が偉いなどと思わず、むしろ腰の低さを心掛けたほうが自分の株を上げることができるのです。

POINT

尊大な態度を取っても人を動かすことはできない

偉くなったときこそ相手には丁寧に対応し、人望を集めよう

26

相手の情報を丸裸にする

交渉のためにある人物と接点を持ちたいのであれば、とにかく相手がどんな人物なのかを徹底的に調べ上げることが大切です。

相手がどんな趣味を持っているのか、どんな社会活動をしているのか、家族構成は、出身地は、兄弟は、などすべての情報を調べましょう。そして、相手について詳しく知れば知るほど、その人物を攻略することは容易になります。

戦争においては、まず敵国の情報を徹底的に調べ上げることが重要だとされています。それは、ビジネスにおいても変わりません。

エステー会長の鈴木喬《たかし》さんは、日本生命の営業マンだったときに、徹底的にお客さんを調べ上げるという方法で、年間契約高1兆円以上のトップセールスを果たしたことがあるといいます（『社長は少しバカがいい。』参照）。

相手のことをとことんまで調べつくし、準備万端に整えてから面会に臨んでいたのですから、さまざまなことに対して柔軟に対処できたのでしょう。

相手の趣味が「ゴルフ」ということを知っただけでは、まだ情報収集としては中途半端だと鈴木さんは言います。どんな人と行っているのか、どこの会員なのか、そういうことも知らなければ調べ方が足りないというのです。

闇金業者は、お金を借りに来た人のことを徹底的に調べ上げて弱みを握るといいます。

仕事ができる人は、自分では気付いていないかもしれませんが、まったく同じことをやっているのです。ありがたいことに、最近では、相手の情報を調べることがそんなに難しくなくなっています。

ＳＮＳが普及し、ツイッターやフェイスブック、ブログなどをやっている人も多くいます。それらを見れば、相手がどんな人なのかの情報がいくらでも手に入るのです。

何しろ、自分から自分の情報をバンバン公表してくれているのです。

昔なら、探偵でも雇ってコソコソと調べなければならなかったような情報が、簡単に調べられるようになりました。これは、本当にありがたいことです。

アメリカにあるイースト・テキサス・バプティスト大学のアリン・ルーダースは、フェイスブックをやっている１００名に声を掛け、心理テストを受けてもらいました。

その一方で、彼らのフェイスブックのプロフィールについても調べました。そのプロフィールを、35名の判定者に読ませ、どんな性格の持ち主なのかを推測してもらったところ、かなり高い精度で性格を言い当てることができたといいます。

「ああ、この人は社交的な人なんだな」と判定された人は、心理テストでも社交性が高かったのです。

つまり、フェイスブックの情報からでも、その人の性格を読み取るのはそんなに難しい作業ではないのです。

その人がツイッターでどんなことをつぶやいているのかの履歴を調べれば、その人の好き嫌いなどもかなりはっきりとわかるでしょう。

とにかく自分が接点を持ちたい相手のことは、何でも調べておくとよいでしょう。そうすれば、それを話題に会話でも盛り上がれますし、準備もしないで会いに行くより、ずっと親しくなれるはずです。

POINT

交渉を成功させるためには、まず相手をよく知ることが重要
ＳＮＳなどを利用して、可能な限り調べよう

27

相手が要求を呑むまで執拗に粘る

100%、相手にこちらの言うことを聞かせることができる方法があります。

「えっ、そんな魔法のような方法があるの!?」

読者のみなさんは、そう思ったことでしょう。

しかし、本当にそういう方法はあるのです。

これはヤクザが実際にやっている方法です。では、どんなやり方なのでしょう。

そのやり方はというと、相手が言うことを聞いてくれるまで、いつまでも執拗《しつよう》に要求を繰り返すだけです。相手が「うん」とうなずいてくれるまで、いつまでも諦めなければ、

１００％成功します。

相手がウンザリし、音を上げるまで頑張っていれば、いつかは相手が折れます。

相手が要求を呑んでくれるまで、何時間でもその場に居座り、何時間でも電話をかけ続け、何時間でも催促し続けます。そうすれば、必ずいつかは相手が折れます。

このテクニックは、１００％契約を勝ち取る営業テクニックとしても使えるといったことが書かれた本を読んだことがあります。

お客さんが、根負けするまで、１００回でも、１０００回でも訪問し、頭を下げ続ければ、そのうちお客さんは契約してくれます。

だから、この営業のやり方は１００％の成功率になるのだといいます。

「お前は、もう、ウチに顔を出すな！」とお客さんに怒鳴られても、それでもめげずに足を運び続ければ、「わかった、わかった、俺の負けだ」とお客さんも笑いながら契約をしてくれます。それまでじっと頑張ればよいのです。

ヤクザは、あまり良いイメージを世間に持たれていないので、「ヘビのようにしつこい」などとネガティブに罵《ののし》られることが多いですが、よりポジティブな見方をすれば、「それだけ根気強い」ということでもあります。

諦めなければ、どんな交渉でも100％成功するのです。

アメリカにあるワシントン大学のローレンス・ラモントは、143名のセールスマンを対象にして、どういう人がより高い成績をあげられるのかを調べてみたことがあります。いったいどういう人が、高いコミッションや給料を得ていたのでしょうか。それは、やはりセールス話法に長《た》けた人だったのでしょうか、あるいは、顔立ちの良さが重要だったのでしょうか、学歴の高い人だったのでしょうか。

ラモントによると、高い成績に関係している最大の要因は、どれだけ〝忍耐力〟があるか、ということでした。

要するに、どんなときでも、決して諦めず、お客さんに断られてもひたすら忍耐で頑張っているセールスマンほど、高い成績をあげることができたのです。

ほかの人が1回しか訪問しないところを、10回でも20回でも、忍耐強く、粘りに粘って訪問していれば、うまくいくのも当然です。

ただ口で言うのは簡単ですが、たいていの人は、これができません。だから、交渉もうまくできないのです。


「成功するまで一歩も引かない」という気持ちが大切です。

自分の要求が通るまでは、5年でも10年でも、石にかじり付いてでも諦めないという気持ちさえあれば、みなさんの望みは、いつかは必ず叶うのです。

POINT

諦めなければ交渉は必ず成功する
忍耐強く、粘りに粘って自分の要求を通す根気を養おう

28

相手が譲歩するまで交渉を引き延ばす

交渉というものは、お互いが納得して契約書にサインしなければ、いつまでも妥結《だけつ》しません。だから、自分にとって不利な条件だなと思うのなら、あるいは納得がいかないのなら、いつまでも妥結しないでいるのが正解です。

どんなときでも、交渉をまとめなければならないかというと、それは違います。

自分に都合が悪いときには、交渉そのものをいつまでも引き延ばせばよいのです。**そうすれば、「勝ち」はしないが、「負け」もしない**からです。

アメリカという国は、交渉では、よく最後通牒《つうちょう》的なことを言います。「これは、アメリカ政府の最終的な提案だ。アメリカは、これ以上、交渉するつもりはない」という感じです。

しかし、それを柳に風と受け止めて、「こうしてほしい」と自分の要望をぶつけて、都合の良い土俵に乗せてしまうのが、北朝鮮やイランなどのやり方だといいます（河東哲夫著、『ワルの外交―日本人が知らない外交の常識』参照）。

日本人は、相手に強く迫られると、たとえ自分にとって不利な条件だとわかっていても、つい「イエス」と言ってしまいます。これは、良くない対応です。

その点、裏社会にいる悪人たちは違います。相手が、「〇日までにお返事をください」と言ってきても、そんなことには縛られません。

延々と交渉を引き延ばし、こちらがのらりくらりと、飄々《ひょうひょう》とした態度で交渉していれば、絶対に相手のほうが〝譲歩〟してくれるのです。**それをじっくりと待てばよい**のです。

オランダにあるフローニンゲン大学のエレン・ギーベルスは、冷蔵庫メーカーの売り手と買い手に分かれて模擬交渉をしてもらうという実験をしたことがあります。

その際に、「私は、あなたとの交渉をやめて、別のメーカーと交渉するかもしれませんよ」「交渉を打ち切ってもらっても、こちらは痛くもかゆくもありませんよ」というやり方の検証も行っていますが、こういうやり方をしていれば、強気でいられるそうです。

もともと日本人は、気が弱い人が多く、交渉を穏便《おんびん》にまとめることばかりを考えてしまいます。そうではなくて、「交渉は打ち切ったっていいんだ」という意識を持ちましょう。そういう意識を持っていれば、もっと強気な交渉ができる、とギーベルスは指摘しています。

こちらの会社が小さくて、相手が大きな会社だったりしても、誇りとプライドは失ってはいけません。

「そんなことを言うのなら、ほかの会社に仕事を頼んだらどうですか？　ウチはそれでも困りませんから」と強気な態度を取らないと、呑みたくもない条件ばかり呑まされてしまいます。

「武士は食わねど高楊枝」という言葉がありますが、どんなにお金が欲しくても、それを相手に見せてはいけません。

「つまらない仕事なんて、こっちから願い下げだ！」という姿勢を見せないと、自分に有利な交渉はできないのではないかと思います。

POINT

交渉は根比べでもある
強気な態度で臨み、相手の譲歩を引き出そう

29

ただ相手ににじり寄りプレッシャーをかける

「殺すぞ！」「海に沈めるぞ！」などと人を脅せば立派な犯罪になってしまいます。だから、今どきのヤクザはそういう脅迫をあまりしません。

では、どうやって人を動かすのかというと、何もしません。

「何もしない」というとビックリされるかもしれないが、本当に手荒なことは決してしないのです。

ただ、彼らは、相手のそばににじり寄って、黙って相手の顔を見つめるだけです。相手を見つめるだけなのですから、脅迫行為には当たりません。しかし、これをやられると、たいていの人はものすごく怖くなって、相手の言いなりになってしまいます。

事務所のような場所に連れて行かれ、入り口にカギを掛けられ、コワモテの男性たちがにじり寄ってくる場面を想像してみてください。どうでしょう。読者のみなさんは、そんな状況でも、相手の言い分を呑まずに、堂々と自己主張などできるでしょうか。私なら、とてもできそうにありません。

ソファを挟んで座っている相手が、テーブルを乗り越えるように、にじり寄って顔を近付けてきたら、無言の圧力を感じます。たとえ言葉で脅されなくても、「借りたお金は必ず返します」などと、こちらから言ってしまうでしょう。

「睨む」と、「にじり寄る」という二つの作戦は、パワーを感じさせ、無言の圧力を相手にかける上でものすごく効果的なやり方です。

アメリカにあるハーバード大学のドナ・カーニーによると、会社においては上司が部下に圧力をかけるときにこれをやるらしいのです。

面倒な仕事を押し付けるとき、「命じられたことをしないとぶん殴るぞ！」などと脅さなくても、ただ部下の眼をじっと見つめて、にじり寄っていけばいいのです。そうすれば部下は威圧されて、「はい、すぐに仕事にかかります！」と従ってくれます。

人を動かしたいのなら、〝にじり寄り〟という方法を身に付けましょう。いったんこのテクニックを身に付けると、言葉で相手を説得する必要がなくなるので、ものすごく便利です。

言葉でうまく説明するのがヘタであるとか、相手のほうが弁が立つような場合には、言い争いで負けてしまいます。

そうなってしまっては、どうしようもないので、言い争いはせずに、ただ相手を睨み付け、にじり寄るだけで言うことを聞かせるようにすればいいのです。

POINT

〝にじり寄り〟は心理的な駆け引き
〝無言の説得〟ができる迫力を身に付けよう

30 一人より二人連れを狙う

悪質スカウトマンによると、一人で歩いている女の子よりも、友達と二人で歩いている女の子のほうが、引っ掛かりやすいのだそうです。

一人きりで事務所まで付いていくのは勇気がいりますが、友達と一緒だと心強さを感じるのか、ノコノコと付いてくるケースが多いというのです。だから二人連れの女の子は、狙い目なのです。

ナンパをするときも同じで、一人の女の子を誘うよりは、二人連れの女の子に「みんなで食事に行こうよ」と声を掛けたほうが、成功率はアップします。友達と一緒なら、怖くないからでしょう。一人きりで歩いている女の子は、もともと依存心がそんなに強くないというか、独立心が強い、一人でも生きていけるような強さを持った女性です。

そういう女性は、ダマしにくいのです。もちろんダマせないわけではないものの、二人連れ、三人連れの女の子のほうがダマしやすいのです。

また、私たちは、友達と一緒だと財布の紐《ひも》が緩みやすくなるということもあるようです。

アメリカにあるカリフォルニア州立大学のロバート・ソマーは、877名のお客さんのショッピング行動を調査し、**「個人」で買い物をしているお客さんより、「グループ」で買い物をしているお客さんのほうが、たくさんお金を使うという傾向を明らかにしました。**

一人きりだとそんなにお金を使わない人でも、友達といたり、彼女といたり、家族といたりすると、つい財布の紐を緩めてしまうのです。どこかで安心してしまうのでしょうか。警戒心が薄れるからでしょうか。そのメカニズムについては、よくわかっていません。

ともあれ、一人きりなら絶対に買わないようなものでも、友達と一緒だと買ってしまうということがあるようです。

この心理を利用して、スカウトマンは、二人連れの女の子のどちらにも事務所登録のサインをさせたり、商品の購入などをさせてしまうわけです。

レストランやテーマパークでは、「家族割」であるとか、「団体割」であるとか、「カップル割」といった割引をよくします。

なぜそんな割引をするかというと、一人だけのお客さんに比べて、グループのほうがたくさんお金を使ってくれるからです。一人きりだと1000円の料理しか注文してくれない人でも、だれかと一緒のときには3000円、5000円と出費してくれます。だから、グループ割引しても、ちゃんと儲《もう》かるしくみになっているのです。

人を動かすときには、相手が一人きりのときを狙うのではなく、むしろだれかと一緒にいるところを狙ったほうがうまくいく場合もあるかもしれません。普段はムダなものなど絶対に買わない人でも、恋人と一緒にいれば、見栄を張って、つい余計なものまで買ってしまうというようなところが、人間にはあるからです。

POINT

相手が一人より複数のほうが、説得しやすい場合がある
交渉がうまくいかないときは、相手が複数いる状況を作ろう

31

平気でルール違反をする

裏社会で生きる悪人たちにとって、ルールなどはあってなきがごときものです。ルールに縛られて生きるのはオモテの世界であり、**ウラの世界には、ルールなどそもそも存在しません。彼らは平気でルール違反をします。**

インターネット通販詐欺という手口があります。

たとえば、インターネット通販で通常3万円のブランド財布が、7200円で売られていたとしましょう。急いで注文ボタンをクリックし、代金を個人名義口座へ振り込みます。しかし、前払いしたのに、商品が届きません。メールで問い合わせても返事が来ません。もともと出品者に商品を売る気などないからです。

普通、商売をするのであれば、「自分が持っているモノ」を売るのがルールですが、彼らは、他人の商品であろうが、架空の商品であろうが、平気で自分が持っているかのように見せかけて出品してしまうのです。

そしてお金だけ前払いをさせ、後はドロンと消えてしまいます。

「そんなのインチキじゃないか！」

「そんなのルール違反じゃないか！」

と普通は思うでしょう。しかし、彼らはそんなものに縛られたりしないのです。

生真面目な日本人は、きちんとしたルールに則《のっと》って交渉しようとしますが、外国を見れば、平気でルール違反するほうがむしろ当たり前なのです。

実のところ、交渉においては、ルールなどあるようでないのです。

日本人の交渉ベタはよく知られていますが、それは日本人がルールをきちんと遵守《じゅんしゅ》する国民だからです。日本側はしっかりと約束を守るのに、むこうは約束を守りません。

たとえば、日本側が約束通り経済協力をしても、相手国は何もしてくれません。「そんなのは知らない」「状況が変わったから、できない」などと平気で約束を破るのです。たとえしっかりと契約書を交わしていても、それでも約束を破るのが当たり前なのが国際交渉だといわれています。

アメリカにあるコロラド大学のローズ・ミューラー・ハンソンは、状況次第で、ほとんどの人が約束を破ると指摘しています。たしかに、だれだって、約束の時間を無視したり、メールを送ると約束しておきながら送らなかったりすることはよくやっています。律儀に約束を守ることのほうが、本当は珍しいのです。

日本人にはマジメな人が多過ぎるのです。

もちろん、**マジメなことは良いことなのですが、ちょっとしたルール違反もできないようでは、交渉はうまくできない**のではないかと思います。

大量注文してくれれば大幅値引きができるとウソをついてみたり、「急げば、2週間で納品できる」と言いながら、本当はできなかったりしても、そんなに気にしなくてもいいのではないでしょうか。

むしろ、それくらい大胆なウソつきにならなければ、世の中を渡っていけないのではないかと思います。

POINT

**マジメなだけでは、望み通りの結果を出すことはできない
少しくらいのルール違反ができる大胆さを持とう**

32

文書で信憑性を高める

私たちは、口で言われたことよりも、書かれたもののほうを信用しやすい傾向にあります。それが、同じ内容のメッセージだったとしてもです。

だれかが、「地球は滅亡する」という荒唐無稽《こうとうむけい》なことをしゃべっていたとしても、たいていの人は軽く聞き流すのではないでしょうか。

ところが、同じ内容が、新聞や雑誌の記事、あるいは本に書かれていたとすると、ものすごく信憑性が高いことのように感じてしまうのです。

〝発言〟というものは、軽く受け止められやすいという特徴があります。その点、「書かれた文字」は、重大なことだと受け止められやすいのです。

アメリカにあるヴァージニア大学のステファン・ウォーチェルは、政治家がテレビ、ラジオ、文書という三つの手段で同じ内容のメッセージを伝える実験をしました。その説得効果を比較してみると、文書が最も効果的であったといいます。

この心理を利用しているのが、架空請求詐欺です。

ある日、自分のところに身に覚えのない請求のハガキや書類が届きます。ただそれだけなのですが、私たちは「書かれた文字」をそのまま信じ込んでしまうところがあるので、「○日までに振り込んでください」と書かれた文書を読むと、素直に「はい、わかりました」という気分になってしまうのです。

インターネットでも架空請求詐欺は頻繁に行われています。

無料動画サイトだと思ってボタンをクリックすると、いきなり請求メッセージの画面に変わったりするのです。

あるいはメールで架空請求してくる詐欺もあります。

街中を歩いているとき、知らない人から声を掛けられてお金を請求されたとしても、だれも支払ったりはしないでしょう。

けれども、極めて巧妙な書き方をした文書やメールが届いたら、人は簡単にダマされてしまうのです。「お金を払え」という点では同一の説得なのですが、口で言われるより、文書で言われたときのほうが、私たちは従ってしまうのです。

「きちんと相手に会って話をするのが、人としての礼儀」

「きちんと相手の眼を見ながら交渉することが大切」

などと言われていますが、そんなことはありません。

むしろ、ハガキや手紙などを使って交渉したほうが、対面でやるよりもうまくいくケースが結構あるのではないかと思います。

打ち合わせをするときにも、メールでやり取りしたほうが、記録も残しやすいし、話もまとまる確率は高くなるかもしれません。

対面で人を説得するのが苦手なのであれば、手紙やメールを使うことも考えてみるとよいでしょう。

POINT

人は〝発言〟よりも〝文書〟を信用する
対面での説得が難しければ、文書でのやり取りを試してみよう

33

書面で証拠を残して約束を守らせる

私たちは、本来できないようなことでも簡単に口約束してしまうことがあります。「口約束は信用できない」と言われるのは、そのためです。

しかし、「必ず返しますからお金を貸してください」と言われても、「やっぱり返せなくなってしまいました」では、闇金業者としては困ります。貸したものは返してもらわなければなりません。だから、彼らは誓約書を書かせるのです。

「お金を返せないときには、差し押さえを承諾します」
「返せないときには、○○に請求してもかまいません」
「利率を認め、必ず支払います」

などという誓約書を書かせるのです。こうすると、お金を借りた人も、返さなければならないという気持ちが強化されます。

基本的には、口だけで約束するのではなく、必ず、紙に書かせたり、メモを取らせたりするのがよいでしょう。**人の口を信用してはならない**のです。必ず、〝記録〟と〝証拠〟を残すようにしないと、後になって「私は、そんなことを聞いてない」と言ってくる人間が必ず出てくるので、それを防ぐのです。

私は、電話だけで仕事のアポイントを取ったりはしないことにしています。

なぜなら、言葉というのは、口から出てすぐに消えてしまう性質があるので、証拠が残せないからです。聞き間違いをしている場合もあります。そのため、電話でアポを取るときには、必ず、「後でメールしてください」と相手にお願いするようにしています。

相手にメールをしてもらうと、それがちょうど闇金の人が書かせる誓約書と同じような効果を発揮し、相手が約束をすっぽかしたり、「知らなかった」ととぼけることを防ぐことができるのです。どんなに簡単な約束でも、記録を残すことをおススメします。

「小さな約束なら、相手だって、きちんと覚えていてくれるのでは？」

と思われるかもしれませんが、それが甘いのです。

私は心理学者という仕事柄、よく知っているのですが、**人間の記憶は、コンピュータと違って、まったく信用できるシロモノではありません。**

アメリカにあるインディアナ大学のロイド・ピーターソンによると、人は覚えたことを20秒以内に85％も忘れてしまうそうです。記憶などは絶対に信用してはいけないのです。

口で約束したときには、自分の手帳の一部を破って、走り書きでもいいからメモを作って、相手に手渡すようにしたほうがいいでしょう。これが相手にきちんと約束を守らせるときのやり方です。

POINT

人の記憶を信用してはいけない
〝記録〟と〝証拠〟を残して、相手に約束を守らせよう

誓約書

34

証拠になるものは相手には渡さない

一つ前の項目で、人と約束をするときには、必ず形が残るようにせよ、というアドバイスをしました。

書類を作ったり、メールなどでやり取りをすることで、証拠が残るようにしておかないと、後で困ったことになるからです。

けれども、逆のパターンも考えられます。

後になって自分が言い逃れをしたいのであれば、あえて〝証拠は残さない〟というテクニックも考えられるのです。

「いやあ、そんな話は一切聞いていないですよ」
「えっ、条件は1個当たり100円じゃなくて、50円ということではありませんでしたか？」
「なんだか、お互いに誤解があったようなので、このお話はナシにしてください」
などと、最初からとぼけてしまう気があるのなら、証拠は残してはいけません。

闇金業者は、契約書、金銭借用証書、受領証など、書類を債務者には渡しません。後で債務者が訴えを起こしても、違法な内容を証明できないようにするためです。

それに書類を渡さなければ、後でいくらでも自分の好きなように改ざんできるからです。だから、相手に都合の悪い書類などは渡さないし、そもそも作らないのです。

「お客さんみたいな人は、絶対的に信用できますからね。ほかのお客さんのときみたいに書類なんか作らなくても結構ですよ」と闇金業者は言います。

お金を借りに来たお客さんは、その温かな対応に感謝するのですが、本当のところ、闇金業者は自分を守るために書類を作らないのです。証拠を残したくないのです。

私たちの記憶は、ものすごくいい加減です。**だから、きちんとした証拠さえなければ、いくらでも自分に都合の良い事実をでっち上げることができる**のです。

アメリカのペンシルベニア州にあるアーシナス大学のガブリエル・プリンサイプは、対象者にある物語を語って聞かせた後で、その物語の内容をどれだけ記憶できたのかを調べるという実験をしたことがあります。

その際、実験者は、物語の中に出てくるウサギが実際には何も食べていなかったのに、「ウサギが食べたのはニンジンでしたか？　レタスでしたか？」という〝引っ掛け〟の質問をしてみました。すると、なんと90％もの被験者がどちらかを選んで答えたのです。「その質問はそもそもおかしい」ということに気付いた人は、ごくごく少数だったのです。

人間の記憶などいい加減だから、「あなたは、たしかに○○だと言いましたよね？」と強めの口調で言えば、相手も自信がないから、「そんな感じのことを言ってしまったのかもしれない」と思うものです。

後になって自分の都合の良いように相手を動かしたいのなら、証拠になりそうなものは残してはいけません。

〝証拠を残す〟のも大事なテクニックですが、〝証拠を残さない〟のも立派なテクニックですので、どちらも覚えておいてほしいです。

POINT

あえて〝証拠を残さない〟ことも立派なテクニック
自分が不利になる証拠は作らないようにしよう

35

第三者の口を借りる

言いにくいことは、ほかの人に代わりに言ってもらうのがよいでしょう。

実際にほかの人の口を借りられないときには、自分が言っているのではなく、「○○が言っていた」というかたちにしましょう。

自分が直接に言って聞かせるよりも、ほかの人が言っていたということを〝伝聞《でんぶん》〟というかたちで伝えるほうが、説得効果が高いのです。

それに、自分が直接に説得したとして、仮にうまくいかなかったとしても、相手との関係がまずくなってしまうことを避けることもできるからです。

飲み屋のママが、客のツケを取り立てるときもそうです。

あまりしつこく催促すると、お客さんとの関係がまずくなってしまう危険性があります。だから直接催促するのではなく、〝善意の第三者〟として、ヤクザにお願いするのです。ママの口から、「そろそろツケのお支払いを」と言うのではなく、ヤクザに「俺にとっちゃ、おたくのツケなんかどうだっていいんだが、ママが泣いてるじゃねえか。おたくが自分で飲んだんだろう。だったら、スパッと払ってやるのが筋じゃねえか」と言ってもらったほうが、ツケを払ってもらいやすくなるのです。

このテクニック、実は政治家もよく使います。

自分に何かやりたい政策があると、「自分がやりたい！」というのではなく、第三者の委員会などを設置し、まずは結論を出させるのです。そして、「委員会で、このような決定が良いのではないかということになりました」ということにするのです。

もちろん、その委員会は、自分に都合の良い結論を出してくれるようなメンバーで構成されていることは言うまでもありません。

スペインにあるバスク大学のアグスティン・エシュバリア・エシャベは、説得を行うときに、「私はこう思う」式の直接的な意見よりも、「第三者の専門家はこう言っています」という形式にしたほうが、説得効果が高くなることを明らかにしています。

わざわざ第三者を仕立て上げるのは面倒くさいと思われるかもしれませんが、そうすることによって、実際に説得効果も高くなりますし、自分は後ろに隠れていることができるのですから、非常に便利なやり方だといえます。

ついでに言うと、このやり方は学者お決まりの手口でもあります。あまり言いたくはありませんが、私自身も、この手口を使って本を書いています。

よほど高名な学者でもあるのなら、「私はこう思う」という自己主張をしても、読者にすんなりと受け入れてもらえるのでしょうが、私のように吹けば飛ぶような心理学者には、これができません。

そのため、自分の意見ということではなく、「外国のエラい先生が言っているんですよ」というかたちで逃げているわけです。本書を含め、私が執筆した本に心理学者の引用が多くなされているのは、そのためです。

ともあれ、**何か説得するときには、ほかの人に頼めるならそうしたほうがいいですし、頼めないのなら、だれかが「言っていた」ことにさせてもらうほうがいい**でしょう。**そのほうが、相手だってすんなり納得してくれる**はずです。

POINT

人は目の前の相手より第三者の意見のほうを信じやすい
自分は安全な場所に隠れながら、他人の口を借りて交渉しよう

36

チームを意識させ人を動かす

軍隊では、ある兵士が脱走したり、捕虜になったりすると、同じ隊に属するほかの兵士も懲罰を受けるというシステムがあります。

このシステムは、秦の始皇帝の時代にはすでに存在したらしいです。秦が中国を統一できたのは、当然、軍隊が強かったからということもありますが、このシステムのおかげだともいわれています。

「ほかの人に迷惑をかけてはならない」と思えば、みな本気を出さざるを得なくなるからです。

裏社会にも、**〝相保証《あいほしょう》〟と呼ばれるシステム**があります。

債権者同士を、お互いに保証人になるように仕向け、どちらか一方が返済を延滞すればもう一方に請求できるようにすると、お互いに滞《とどこお》らないように返済を頑張ってくれるよ

うになるのです。**相互に監視し合うという効果もある**のかもしれません。

このシステムは、組織を動かすときにも使えます。

一人だけだとなかなか本気を出せない人でも、チームでなら本気を出してくれるからです。ほかの人が頑張っているのに、自分だけサボることはできません。

一人で運べる荷物の重さの限界が50キロだとしましょう。同じ腕力を持った5人の人がいれば、当然250キロの荷物を運べる計算になります。しかし、実際に5人をひとまとめにしてチームにすると、一人50キロどころか、55キロ、60キロくらいの荷物も運べるようになり、5人で300キロ近くの荷物を運ぶことだってできるようになるのです。このような現象は、〝社会的促進効果〟と呼ばれています。

ドイツにあるヴェストファーレン・ヴィルヘルム大学のヨアヒム・ハフマイヤーは、1996年から2008年のオリンピック、1998年から2011年の世界選手権、および2000年から2010年のヨーロッパ選手権における、100メートル自由形の水泳選手1199名（男96、女103）の成績を調べました。

調べたのは、個人の自由形と、リレーの自由形の成績です。リレーのときには、当然チームでの勝負となるわけですが、ハフマイヤーが調べたところ、どの大会においてもリレーのほうが、個人のときよりタイムが伸びていたのです。「みんなのためにも頑張らなきゃ」ということで、どの選手も限界以上の力を出していたということが、科学的にも証明されたことになります。ちなみに、ハフマイヤーによると、最もタイムが伸びたのが、アンカーです。アンカーの責任は重大です。そのため、アンカーの多くは、個人のタイムよりも良い成績で泳ぐことができたのです。

人を動かすときには、一人一人に動いてもらうのではなく、チームで動いてもらうことも考えてみましょう。そのほうがより大きな力を発揮してくれることがあるからです。

POINT

人は集団で動くことで、実力よりも高い能力を発揮する
人を動かすときには、チームで動かすようにしよう

第3章

知らずにダマされている悪人の心理術

37

相手の弱みにとことん付け込む

スポーツや格闘技の世界では、選手がケガをして包帯を巻いたり、テーピングを巻いたりしていると、相手はそこを狙わずに正々堂々と勝負をしてくれることがあります。
これがスポーツマンシップです。
ケガをした所を狙って勝ったとしても、嬉しくはないからです。

ところが、裏社会にいる悪人たちは違います。

〝弱み〟などを見つけると、そこを徹底的に狙い撃ちします。

「弱みに付け込んだりしたら、かわいそうだよな」
「勝負するからには、正々堂々とやらなければダメだよな」

彼らは、そんなことを微塵《みじん》も考えていません。

むしろ、自分が狙っている相手の弱みやハンデを見つけると、「チャンスだ！」と考え、これ幸いとばかりに集中攻撃してきます。

たとえば、相手からお金を取り立てるとき、その相手が勤め人だったりすると、わざと相手が会社にいる時間を狙って面会を求めてきたり、電話をかけてきたりします。社内をうろついたり、会社近くでたむろしたりします。

「会社の人に、自分が借金をしていることがバレたくない」という相手の弱みに徹底的に付け込むのです。

あるいは、相手の自宅近くをうろついて、「近所の人たちにはバレたくない」という弱みに付け込むこともあります。

相手が若い人だったりすると、彼女にバラすぞ、彼氏にバラすぞ、家族にバラすぞ、といった脅しも平気でやります。要するに、相手が弱みに感じているところを徹底的に攻めるのです。

人には、必ず〝弱み〟があるものです。その弱みをつかんでから説得を行えば、相手も言うことを聞かざるを得ません。

中学校しか卒業しておらず、自分の学歴にコンプレックスを感じている人は、お医者さんであるとか、弁護士であるとか、ＭＢＡ取得者であるとか、とにかく「専門性の高い人」に弱いです。

そのため、専門家から、「ああしなさい、こうしなさい」と言われれば、「はい、わかりました」とすぐに従ってしまうのです。

そして、一般に男性は、魅力的な女性に弱いです。そういう弱みがあるため、キレイな女の子にお願いされると、それが無茶な要求であっても断れません。

アメリカにあるルイジアナ州立大学のエリザベス・ウィルソンによれば、たいていの男性はキレイな女性に弱みを感じるのだそうです。キャバクラの女性に、男性客が給料をすべて貢《みつ》いだりしてしまうのはそのためです。

どんなにお願いしても、テコでも動かないような相手でも、弱みに付け込むと簡単に転んでくれることはよくあります。

絶対にうなずいてくれない頑固なお爺《じい》さんでも、かわいい孫からお願いされると、すぐにホイホイと言うことを聞いてしまうようなことはよくあることです。

POINT

絶対に結果が必要なときには、正々堂々勝負する必要はない
相手の弱みを探して、徹底的に攻めよう

38 秘密を握って相手を脅す

どんな人にでも、他人に隠していることや他人に言えないことが、必ず一つか二つはあるはずです。

「これは絶対に知られたくない」という弱みは、だれでも持っているもの。ほぼ100人中100人が、何かしらの〝秘密〟を抱えていることでしょう。

アメリカにあるテキサス大学のアニータ・ヴァンゲリスティが、200名を超える大学生に「家族に隠していることが何かあるか?」という質問に匿名で答えてもらったところ、なんと95・8%が「イエス」と答えたといいます。

親に内緒で妊娠した経験があるとか、風俗で働いているとか、借金があるとか、家族にも言えない悩みを抱えていたのです。大学生でさえ、約95％が秘密を抱えているのですから、社会人になれば、ほぼ１００％の人が何らかの秘密を抱えているのではないかと思います。

闇金の人たちは、お金を借りに来た人たちが、「やましい思いをしている」ということを知っています。だから、それを脅しの材料に使うことができるのです。実に都合の良い立場にあるといえます。

「返してくれないなら、会社にも通知して、給料から天引きさせてもらいますよ」
「親御さんに、肩代わりをお願いしなければならなくなりますよ」
と脅されれば、相手の言いなりになるしかありません。

このやり方は闇バイトでも使われており、応募の際に必ず身分証を提出させます。そうやって、個人情報を押さえ、犯罪に加担させ、バラすぞと脅して、逃げられなくしてしまうのです。

こういうやり方は卑怯《ひきょう》だと思われるかもしれませんが、私たちにとってもものすごく参考になるのではないでしょうか。

なぜなら、**どんな人が相手でも、秘密さえ握ってしまえばこちらのものだと考えられる**からです。

たとえば、ものすごく自分に厳しい先輩や上司がいるとしましょう。自分にだけ特別な嫌がらせをしてきたり、親の敵《かたき》のように執念深くイジメてくると仮定します。

そんな上司をやっつけたいのなら、まずは興信所などに頼んで上司の秘密を探ってもらえばいいのです。そうやって秘密を握ってしまえば、後はこちらのものです。

「秘密をバラしちゃいますよ」と囁《ささや》ささやけば、その上司は借りてきたネコのように大人しくなるでしょう。

「○○部長って、アイドルの追っかけをなさっているんですね」

「○○さんは、人妻と不倫なさっているんですね」

「○○課長は、学生時代にAV男優のバイトをしたことがあるんですね」

そんなことをボソっと囁けば、鬼の首を取ったのと同じです。

おそらくは、二度と嫌がらせをしてこなくなるでしょう。

「俺を脅迫するつもりか！」と怒鳴られるかもしれませんが、別にお金を求めているわけではありません。

嫌がらせをやめてくれさえすれば、秘密はだれにも言わないのだから、闇金や闇バイトがやる脅迫に比べれば、ずいぶんとかわいいものです。

POINT

相手の秘密を探してみよう。人はだれでも秘密を持っている
それを握ってしまえばこちらのもの

39

有名な企業を連想させる

ずいぶん昔のことですが、「豊田商事事件」というのがありました。

「金（ゴールド）」を売ると言って、預かり証だけを相手に手渡すというありふれた詐欺だったのですが、被害に遭った人はかなりの数に上ったそうです。

なぜ、被害者が続出したのかというと、「豊田商事」という名前です。

知らない人から電話がかかってきて、「豊田グループの豊田商事です」と自己紹介されれば、多くの人は自動車メーカーのトヨタと何か関係のあるグループ企業だろうと思い込むに決まっています。

わざと〝誤解〟させるため、有名な企業によく似た社名を名乗ったのでしょう。

ほかにも、三和銀行（現・三菱ＵＦＪ銀行）の系列を装った「三和信託」、日立製作所の系列を装った「日立商事」、新日本証券（現・新光証券）と関係があるように見せかけた「新日本債券」などがありました。

悪質スカウトマンが、「僕はこういう者なんですが……」と自己紹介で使う名刺にも、有名事務所とよく似た社名の名前が刷られていることが多いです。

そういう名刺を見せられて、「芸能活動に興味がありますか？」と聞かれたら、だれでもアーティストやアイドルになれると思い込んでしまいます。

実際には、アダルトビデオに出演させられることになるのですが、そんなことはつゆほども思わないのです。アダルトビデオでも、立派な芸能活動だと言われれば、たしかにその通りではありますが……。

どんなに小さな事務所でも、**有名企業と似たような名前を付ければ、勘違いしてくれる人は結構いる**のです。

裏社会の悪人たちは、そこまで計算して社名を付けています。

しかも、彼らは社名を有名企業に似せるだけでなく、名刺に刷り込むロゴも有名企業のロゴに似せたものを使います。

パッと見ただけでは、誤解してしまうような名刺を作っておくのです。

仮に有名な企業だと思わせることに失敗したとしても、「似ているな」と感じさせるだけでも効果があります。

なぜなら、**その有名企業の好ましいイメージが、自分の会社にも連想反応として結び付けられて評価されるから**です。

アメリカにあるアリゾナ州立大学のロバート・チャルディーニによると、AとBという二つの対象が似ていると、Aの特性が、Bにも反映されて評価されるのだといいます。

大企業とよく似た名前の企業は、大企業と同じように安心、信頼を与えることが明らかにされました。

ちなみに人の名前に関しても同じで、たとえば名前が「木村拓哉」だったりすると、元SMAPの「キムタク」とイメージが結び付けられ、実際の顔立ち以上に魅力的だと感じさせることができるのです。

POINT

信頼性の高いものに似せるだけで、こちらの信頼性も高まる
「みんながよく知っているもの」を連想させアピールしよう

40

忙しさをアピールする

みなさんが弁護士に相談することになったとして、相談者がまったくおらず、閑古鳥が鳴いているような弁護士事務所に出掛けようと思うでしょうか。

おそらくは思わないでしょう。

どんなにお腹が空いていたとしても、店内がガラガラのラーメン店には、ちょっと入るのをためらってしまうでしょう。逆に、お店の外にまで行列のできているラーメン店であれば、安心してその最後尾に並ぶことでしょう。

「仕事を依頼するのなら、忙しい人にお願いするべきだ」とよく言われるのは、忙しい人のほうが間違いのない仕事をしてくれるからです。

彼らは、だれからも信頼されているから忙しいのであって、仕事ぶりがよくない人は、そもそも仕事の依頼が来ないのでヒマをしているのです。

「あっ、この人なら大丈夫そうだぞ」

「おそらくこの人は売れっ子に違いないぞ」

と思われるようにアピールをしたいのなら、どんなにヒマであっても、それを相手にバラしてはいけません。むしろ、忙しい人間であるとアピールしなければなりません。

〝忙しさ〟を演出することによって、自分の信頼性、専門性、権威、実力、能力といったものを相手にわからせることが肝心です。

裏社会の悪人たちは、〝ダブルブッキング〟という手口をよく使います。

いや、〝ダブル〟どころか、〝トリプルブッキング〟くらいは平気でやります。

たとえば、来客者の予定をすべて同じ時間帯に指定すれば、やって来たお客さんは、ほかのお客さんが列をなして待合室のソファに腰掛けている場面を目にすることになります。そして、「この事務所は信用できるぞ」と勝手に思い込んでくれるのです。

たとえ一週間にクライアントが5人しかやって来ない事務所だとしても、全員が同じ時間に来るように指定すれば、自分のほかに4人ものクライアントが待っている場面を目の当たりにさせることができます。

受付の人からは、「すみません、○○様ですね。たしかに、お約束はきちんと承《うけたまわ》っているのですが、先生に急なお仕事が入ってしまいまして、30分ほどお待ちいただけないでしょうか？」などと言われれば、クライアントも納得します。

アメリカにあるノース・キャロライナ大学のデビッド・ホフマンの調査によると、何か心に問題を抱え、相談に行こうと考えている人は、単純に信頼できそうな所に行くのだそうです。

つまり、混んでいる診療所に出掛けるのです。なぜなら、そのほうが間違いがなさそうに思えるからです。

実は、私もこのテクニックはよく使います。

スケジュール帳がいつでもスカスカなのは自分でもわかっているのですが、仕事の依頼があったときには、「ちょっとスケジュールを確認するので、後で電話をかけ直します」などと相手を焦《じ》らすのです。

こういうひと手間を踏んだほうが、相手も、「内藤先生は、きっとすごい心理学者なんだろう」と思い込んでくれるので、非常に好都合です。読者のみなさんも、ぜひお試しください。

POINT

〝忙しさ〟は相手を信頼させる強力な武器
多忙な自分を演出し、〝デキるヤツ〟と思い込ませよう

41

商品を手に取らせる

読者のみなさんは、店員に洋服の試着を勧められて、何度も試着させられているうちに、「買わざるを得ない」という気分になってしまった経験はないでしょうか。

私たちは、手に取ってその商品に触れていると、その商品を購入しなければならないという心理になっていきます。

アメリカにあるウィスコンシン大学のジョアン・ペックによると、私たちには、多かれ少なかれ、商品を触っていると、どんどん欲しくなってしまうといいます。欲しいという衝動を抑えられなくなるのです。

「見るだけでも結構ですよ」と言われたのでアクセサリーを見に行ったのですが、ネックレスやら指輪などを何度も触っているうちに、いつの間にか50万円もするダイヤのネックレスのローン契約を組まされてしまったという事例もあります。

私たちは、欲しくないと思っていても、触っていると欲しくなってしまうのです。

また、この欲求を悪用したものがあります。購入した覚えのない商品を、勝手に送り付けるという手口です。これは、〝送り付け商法〟と呼ばれています。

この手口のメカニズムも、試着させるやり方と基本的には同じです。

「とりあえず2週間、試してみてください。お気に召さなければ着払いで結構ですから〇〇まで返送してください」などというメッセージが同封されています。

このメッセージでは、気に入らなければ返してもよいというところがポイントです。なぜなら、2週間も経つ頃には、その商品に愛着が湧いてしまって、どうせ購入することになってしまうからです。

心理学的に**この種のセールスは、〝リトル・パピー・ドッグ法〟という名前で知られています。**

リトル・パピー・ドッグとは、生まれたばかりの小さな犬のことで、あるペットショップで始まった売り方なのですが、お客さんに「買わなくてもいいので、無料でこのワンちゃんをしばらく預かってもらえませんか？」と提案するのです。

しばらく預かっているうちに、たいていのお客さんは、その犬と離れがたい気持ちが強まり、結局は、「この犬を購入させてほしい！」と言い出すのです。

こちらからムリヤリに押し付けるようなセールスは、荒っぽいやり方なので、あまりおススメできません。

できれば、向こうから「ぜひ買いたい！」と言ってもらえるように仕向けるのが、やり方としてはより巧妙でしょう。

何かを売ろうとするときには、とにかく商品を何度も何度も相手の手に取らせることが肝心です。

触らせれば触らせるほど、こちらからセールスなどを行わなくても、向こうが勝手に買ってくれるのです。

POINT

人は商品を手に取ると、購入しなければという心理になる
ムリヤリ押し付けるのではなく、まずは触らせよう

42

焦らして最後に値引きをする

「通常2万5000円のところ、本日に限って8600円の特別価格でご提供！」

通信販売のテレビ番組を見ていると、かなりの値引きが行われ、「すごく安いな」と感じさせられることがあります。

たいして必要のない商品でも、ついつい欲しくなってしまうのは、値引きでお得感が演出されているからです。

体感的にも、〝値引き〟というのは、交渉テクニックとして極めて効果的だろうと感じる人が多いと思うのですが、実際、値引きが非常に効果的なテクニックであることは、すでに数多くの心理学の研究で明らかになっています。

値引きに関しては、いろいろなテクニックがあるのですが、ここでは一つだけご紹介しましょう。

これは、**不当に高額な商品を買わせる詐欺師などもよく使う手口**です。

〝焦らすだけ焦らして、交渉の最後に一気に値引きする〟という方法です。

まず、いちばんダメな値引きのやり方は、相手に「もっと安くしてよ」とお願いされたとき、すぐにどーんと値引きしてしまうことです。

このやり方だと、お客さんは、最初の価格が本当は怪しかったんじゃないかという疑念を持ってしまいます。それに「もっと、もっと値引きしてくれそうだな」と思ってしまうのです。その結果、交渉が長引いてしまうので、良いやり方ではありません。

徐々に値引きしていくのも、あまり良いやり方ではありません。やはり交渉が長引くからです。

いちばん良いのは、最初は値引きなどをせず、焦らすだけ焦らします。ところが最後になって、「わかりました」とうなずいて、一気に値引きするのです。
これが最も相手を喜ばせる方法です。

このことを確認したのが、アメリカのペンシルベニア州にあるカーネギー・メロン大学のスンウ・クォンです。クォンは、中古車のバイヤーと、売り手との疑似的な交渉記録の文章を作り、それを132名の大学生に読ませてみました。ただし、文章中の一部だけが次のように変えられていました。

●第1条件（いきなり値引き条件）
「1万1000ドルです」↓「1500ドル値引きして、9500ドルではいかがですか？」
●第2条件（徐々に値引き条件）
「1万1000ドルです」↓「500ドル値引きします」↓「もう500ドル値引きします」↓「さらに500ドル値引きして、9500ドルではいかがですか？」
●第3条件（最後に値引き条件）

「1万1000ドルです」↓「値引きはしません」↓「値引きはしません」↓「わかりました。1500ドル値引きして、9500ドルではいかがですか?」

この文章を読んだ大学生に、「あなたが自動車のバイヤーなら、どれくらい嬉しいと感じるか」を答えてもらったのですが、第1条件では7点満点で3・87という低い点数だったのに、第2条件では5・39、第3条件では5・52だったといいます。

交渉で値引きをするのなら、いきなり値引きするのではなく、少しずつ値引きをするか、あるいは値引きをできるだけしないで焦らし、最後に一気に値引きするのが良さそうです。

POINT

値引きは相手の満足感を演出することが重要
最初は譲歩せず、最後の最後で一気に値引きしよう

43

価格を分割して見せる

人は買い物をするとき、いったん購入を決めると、その後に自分にとって不都合な条件が出てきたとしても、「まあ、仕方ないか」とすんなり受け入れてしまうところがあります。

たとえば、150万円の新車を購入しようと決めたとき、たしかに自動車本体は150万円ではあるものの、カーナビやフロアマットなどのオプションを付けていくと、結局200万円近くになってしまうということは少なくありません。

もともと150万円の予算が上限と決めていても、なぜか自然と購入金額が膨らんでしまうのです。

しかも、たいていの人は「話が違うじゃないか！」などと大人げない対応は取らず、「まあ、仕方ないか」と受け入れてしまうのです。

裏社会の悪人たちは、契約書を完全に作成するまでは、条件をいろいろと書き加えることができるということをよく知っています。だから、最後の最後まで気を抜きません。気を抜いたら、どんな不都合な条件を付けられるか、わかったものではないからです。

その点、一般の人たちは、大きなところさえ決めてしまえば、細かい点については、あまり関心を払いません。だから、余計なオプションのようなものをどんどん付けられてしまうわけです。

商品本体が安くても、そこにオプションを付けていけば、結果として大きな買い物をさせられてしまうのです。

このテクニックは、〝オプション法〟と呼ばれることもありますし、大きな価格を小さ

な価格に分割して相手に呑ませるので、〝分割価格法〟と呼ばれることもあります。

大きな価格をいきなり提示してしまうと、相手は怯んで購入をためらってしまいます。それに気付かせないためには、価格をできるだけ小さく分割するのがポイントです。

一つひとつの価格を小さく見せれば、全体の価格も、なんとなく小さく見せることができるからです。

アメリカにあるニューヨーク大学のヴィッキー・モーウィッツは、「すべて込みの価格」と、「本体価格と送料が別に表記されている価格」の2種類の商品カタログを実験的に作ってみました。

すべて込みのカタログでは、82・90ドルという表記で、分割価格のカタログには本体69・95ドル、送料12・95ドル（合計すれば82・90ドルで同じ）という表記がされていました。どちらも価格は同じであったにもかかわらず、後者のカタログではずいぶんと安く感じさせることができたといいます。

大きな価格は、まず小さな価格に分割することから始めましょう。

とりあえず小さな価格で納得させ、後からゆっくりとほかのオプションを追加していけばいいのです。

いったんOKした相手は、その後いくら価格をつり上げられても、文句も言わずに呑んでくれることが少なくありません。

POINT

まずは小さな価格を見せて、決断をさせてしまおう

そうすれば、後から価格をつり上げても、文句は言われない

44

サクラを仕込んで盛り上げる

セミナーという名目で集まった参加者たちに、いろいろな高額商品を売り付ける詐欺があります。

きちんとしたお勉強会というかたちを取りながら、結局は、商品の販売が目的なのです。

しかも、セミナーの参加者には〝サクラ〟が紛《まぎ》れています。

熱心に講師の話を聞きながら、「なるほどなあ」などと感心の溜息を漏らしてみたり、商品の説明が始まると、「これは絶対に買いだよ!」などと独り言を言ったりして、サクラは同調の雰囲気を作り出します。

このようなテクニックは、専門的には、**〝バンドワゴン法〟**と呼ばれています。

バンドワゴンというのは、行列の先頭を行く楽隊車《がくたいしゃ》のことで、後に続く人たちの気分を

盛り上げる役目を果たしています。「さあ、みんな私の後に付いてきてよ！」というアピールをするわけです。

アメリカにあるサウス・キャロライナ大学のピーター・レインゲンは、「心臓病協会の活動をしているのですが、募金をお願いできませんか？」と普通にお願いしたときには25%の人しか応じてくれなかったのに、「すでに8人から募金をしてもらっているんですが、あなたも募金してくれませんか？」とバンドワゴン法でお願いすると、承諾率が43%に跳ね上がった、という実験報告をしています。

「ほかの人もやってくれています。みんな快くお引き受けしてもらっています」などとアピールすれば、説得がうまくいく見込みは高くなります。

みなさんが職場の飲み会や旅行の幹事をすることになったとしたら、バンドワゴン法を使ってみるのはどうでしょう。

同僚にサクラになってもらって、「僕も参加するんだけど、君もおいでよ」と言ってもらうのです。そうすれば、参加率はグッと増えるでしょう。

スーパーやデパートで、特売のワゴン販売や、バーゲンセールをするのはなぜでしょうか。その理由は、バンドワゴン効果を狙っているのです。

多くのお客さんたちが集まって、熱気に包まれながら特売商品をカゴに入れまくっている姿を見ると、「私も、負けてはいられない！」という心理が働き、たくさん買ってくれるようになるのです。特売をすることによって、たくさんのお客さんが集まれば集まるほど、自然発生的なバンドワゴン効果が期待できます。サクラなどを準備しなくても、勝手にたくさん買ってくれるのですから、こんなにありがたいことはありません。

なお、**サクラを仕立てるときには、お祭りのように騒いでもらったほうがいいので、性格的に元気な人や、陽気な人にお願いしましょう。**

POINT

盛り上げ役を仕立てれば、相乗的に同調の雰囲気が高まる

より効果を高めるためには、元気な人にお願いしよう

45

慈善の心に付け込む

私たちには、だれにでも思いやりと慈善《じぜん》の心があります。どんなに冷たい人でも、それなりに思いやりを持ち合わせているものです。

なぜなら、人間の社会というものは、人と人との絆によって成り立っているからです。思いやりと慈善の心がないと、そもそも人間の社会は成り立たないのです。

そんな心理に付け込むような詐欺があります。

たとえば、復興支援詐欺と呼ばれるような手口です。児童養護施設の職員を名乗る人物から、「震災孤児のための募金をお願いできませんでしょうか?」という電話がかかってきたりするのが典型的なケースです。

大きな駅の前では、何人か募金活動をしている人を見かけることがあるでしょう。もちろん彼らのほとんどは、本当に募金活動をしているのですが、実は怪しげな宗教団体の資金になっていることもあるのです。

「難病に罹《かか》っている女の子のために寄付してほしい」などというウソの募金活動をする人もいますし、「飼い主のいない犬や猫のためのボランティア」を名乗って募金活動をする人もいます。

その対象が何であれ、彼らは人の慈善の心に付け込んでいるという点では共通していま す。本当の目的は、彼ら自身がお金稼ぎをしたいだけなのですが、そういう名目は秘密にしておいて、インチキな理由をでっち上げて、募金活動をしているのです。

彼らの巧妙《こうみょう》なところは、インターネットで適当に拾ってきたカラー写真などを募金箱に貼り付けて、さも本当の募金のように見せかけているところです。具体的には被災地の写真、難病に侵された女の子の写真、捨てられた子犬の写真などです。

こういう写真を見ると、私たちの慈善の心は、さらに刺激を受けやすいのです。目に見えるイメージ画像があると、説得効果も高まるのです。

アメリカにあるイースタン・ケンタッキー大学のルース・ペリーンは、「毎年、たくさんの子犬が生まれ、捨てられています。当団体では、そうした子犬に去勢手術を行っています」という説明を書いた募金箱を、ケンタッキー州マディソン郡の5か所に設置してみました。

ただし、募金箱のいくつかには、カラーの子犬の写真を貼り付けておき、残りは説明文だけにしておきまいした。

募金箱を回収してみると、写真がある箱には7・67ドルが集まり、写真がない箱には4・02ドルしか集まらなかったといいます。

相手の慈善の心に付け込み、さらにカラー写真によってイメージを膨らませれば、説得は極めて容易になります。

商品やサービスを売るときには、自分たちの企業活動が、社会奉仕にもなることを強調し、さらにそれをイメージさせるような写真を使って説得すれば、たいていの人はダマされてしまうのではないかと思います。

POINT

慈善の心はだれもが持っている
「だれかのためになる」といったイメージを強調しよう

46

あえて高い値段を設定する

私たちは、だれしも幸せになれることを願っています。

幸運が舞い込むことを強く希望しています。そのため、「運が開けますよ」という言葉は、どんな人にとっても心に響くキラーフレーズとなります。


「この象牙《ぞうげ》の印鑑があれば、運勢が上がりますよ」

「この幸運のネックレスがあれば、幸運はあなたのものですよ」

と言われれば、たいていの人は欲しくなるのではないかと思います。


だから開運関連のグッズは、いろいろな雑誌で広告が載せられているわけです。

開運グッズの強みは、かなり高い価格設定をしていても許されてしまうところです。

普通の商品は、安くないと売れません。ところが、開運グッズは、高くしないと売れな

いという面白い特徴があります。

むしろ、高い価格設定をすればするほど、お客さんは「なんとなく効くんじゃないか」という気持ちを強めてくれるのです。安い価格を設定すると、かえって信憑性が落ちてしまうのです。だから、高い価格設定をしたほうがいいのです。

ほかにも、**世の中には、〝高いほうが売れる〟という商品があります。**

たとえば、エナジー・ドリンク。100円のドリンクよりは500円、500円のものよりは3000円のドリンクのほうが、なんとなく効きそうな感じがします。ドリンクの成分にそんなに違いはないように思われますが、値段が高いほうが良く効くように感じられるのです。

アメリカにあるスタンフォード大学のバーバ・シッブは、エナジー・ドリンクに貼り付けてある値札をこっそりと替えて、大学生に飲ませるという実験をしました。

その結果、0・89ドルの値札が書かれているときには大して効かなかったのに、1・89ドルという値札が貼られているときには、ものすごく効果があると感じていたことが明らかにされました。まったく同じドリンクにもかかわらずです。
デフレの時代だからといって、何でも安くすればいいのかというとそれは違います。
もちろん、商品によっては安くしたほうがいいものもあるでしょうが、あえて強気の価格設定をしてみるのも一つの方法です。価格が高いほうが、ゴージャスな感じがするし、素晴らしい商品なのだと感じさせることができます。

サービスも同じで、あえて高い価格設定をすることで、「きっと安全な会社に違いない」という印象を与えることも可能です。私も、仕事の依頼がきたときには、自分が安っぽく見られないように高い謝礼を吹っ掛けることがあります。

心理学には、〝威光《いこう》価格〟と呼ばれる価格設定テクニックが知られています。高い価格設定をしたほうが、ウケがよくなることもあるのです。

POINT

要求の高さは信頼感にも繋《つな》がる
あえて大きな要求をして、ゴージャス感や信憑性を演出しよう

47

おとりでおびき寄せる

「キミ、カワイイね。ウチの事務所に入りなよ」

40ページで述べたように、悪質スカウトマンは、いつでも女性をホメまくり、「モデルになれる」ことをチラつかせながら勧誘を行います。

しかし、ここからまた別のやり方でお金をダマし取ろうとする手口があります。

モデル登録が済んだところで、「やっぱり一流のモデルを目指すからには、それなりにキレイになる必要があるんだよね。いわば、必要投資というのかな。だからエステサロンに通ってもらいたいんだよ」などと言いながら、エステのチケットを購入させたり、「もっと見栄えを華やかにする必要がある」などと言いながら、宝石やアクセサリーを購入させたりするのです。

もうおわかりだと思いますが、「モデル登録」というのは、いわば〝おとり〟。本当の狙いは、チケットや宝石を買わせることにあります。

このようなやり方は、釣りで「ルアー」（疑似餌）を使って、魚をおびき寄せるのに似ていることから、**〝ルアー法〟**という名前で知られています。**おいしいことをチラつかせておびき寄せながら、本当はインチキ**なのです。

フランスのプロヴァンス大学のロバート・ジュールによると、ルアー法で実験参加者を集めると（謝礼が出るというおとりを使いながら実際には出ない）、70％が応じてくれたという報告をしています。おとりに釣られて集まった参加者には気の毒な実験です。

ちなみに、謝礼というおとりを用意しないで実験参加者を集めたときには、35％が応じてくれただけだったのです。

ルアー法は、スーパーでも使われていますし、家電量販店、洋服店などいたるところで使われています。

たとえば、「数量限定特売」などという呼び込みチラシです。

それ自体は問題ないのですが、チラシを見てお店に行っても、その商品はすでに売り切れてしまったなどと言われ、別の商品を勧められる場合があります。もちろん、一部のお店に限った話ですが、せっかく足を運んだお客さんは、仕方がないので別の類似品などを買わされるハメになるのです。

また、風俗店でも、ルアー法は使われています。

本当はそのお店に在籍していない、キレイな女の子ばかりの写真を見せられ、「どうですか、ちょっと遊んでいきませんか?」と声を掛けられるのです。

たいていの男性は、鼻の下を伸ばして、「じゃ、この子」と指名しようとするのですが、もともとそんな女の子は在籍していないのです。「あ〜、〇〇ちゃん、ちょっと今日はお休みなんですよ」とか、「4時間待ちになりますけど、いいですか？」などと言われて、別の女の子を指名せざるを得なくなるのです。

そういえば昔の日本で、まだお見合い結婚が普通だった頃、お見合い写真に美人の妹の写真を使って、お見合い当日には姉が出向くということもあったと聞きます。

ルアー法は、昔から使われていたのでしょう。

POINT

ルアー法は古くから伝わる有効なやり方
魅力的なメリットでおびき寄せ、本当の要求を呑ませよう

48

一流校出身の愛校心に付け込む

「○○高校のOBなのですが、母校の甲子園出場が決まったので募金活動をしています」と、その高校の卒業生の家を回って、お金をダマし取るという詐欺があります。

あるいは、「○○大学創立150周年を記念して、豪華な記念本を作ろうと思っています」などと持ち掛ける詐欺もあるようです。

これは、人の愛校心に付け込んだ詐欺ですが、この詐欺に引っ掛かるのは、一流校の卒業生が多いという特徴があります。

俗にエリートと呼ばれる人のほうが、それなりに合理的な判断、理性的な判断もできそうですから、これは矛盾しているように思われるかもしれませんが、そうではありません。

一般に、一流校として知られている高校や大学を卒業した人は、自分自身、その学校の卒業生であることを非常に強く誇りに思っているものです。愛校心が強いのです。

その点、二流、三流の学校の卒業生は、そこまでの愛校心を持ち合わせていないことが多いのです。中にはそうした学校に通っていたことを、苦々しく思っている人もいます。

だから、一流校の卒業生が狙われるのです。

一流校の出身者は、「僕は○○大学の出身なんです」と自慢することで、周りの人たちから尊敬されることも頻繁に経験しています。

そのため彼らは、自分の出身校をひけらかすのです。エリート校の出身者であるということで、気持ちの良さを感じることができるからです。

そんな彼らだから、人一倍、愛校心が強いのです。

「今度、新しい学科を創設するに当たって募金をお願いしたい」と持ち掛ければ、すぐにお金が集まるのも一流大学の強みです。**一流校の出身者は、付き合いにくいとか、ダマされにくいと思われているかもしれませんが、それは違います。**

むしろ、彼らをダマすほうが簡単なのです。

ここでも〝お世辞〟が有効です。**彼らは人一倍お世辞に弱い**のです。

「さすが○○校出身者！」と言ってあげれば、すぐに鼻の下を伸ばして、たいてい言うことは聞いてくれるはずです。

あるいは、自分もその学校の出身者だったりすると、「私も、○○さんと同じく、△△大学なんですよ」と言えば、まるで身内のように親切に扱ってくれたりもするのです。

アメリカのオハイオ州にあるデイトン大学のマシュー・モントヤによると、私たちは、出身校が同じ人には、親しみや魅力を感じやすくなるそうです。だから、出身大学が同じであることをアピールするだけで、親切にしてもらえるのです。

一流の大学を卒業した人が、詐欺に引っ掛かったり、インチキな宗教に加入したりすると、ほかの人たちは、「なんで、あの人が!?」と不思議に思うものです。優秀な人はダマされにくいと思うのでしょう。

しかし、本当のところ、優秀な人も普通の人と同じように簡単にダマされるものであって、学歴はあまり関係がないのです。

優秀な人にも、弱みがあります。その一つが愛校心なのです。

POINT

優秀な人にも付け込みやすい部分がある
優秀であるからこそ誇りに思っている部分を刺激しよう

49

相手の家族を装う

知らない人のお願いなら、私たちはそんなに気にしないで断ることができます。

何しろ、相手とは無関係です。あまり面識のない知人からのお願いを断るのも、そんなに難しくはありません。やはり、相手との関係は薄いからです。

ところが、親しい友人の頼みになってくると、断りにくいのです。おかしな断り方でもすると、関係がまずくなってしまうことを怖れるからです。

さらに断りにくいのは、家族からのお願いです。身内と自分とは切っても切れない間柄ですから、相当な覚悟がなければ断れません。

アメリカにあるジョージタウン大学のユリア・ダットンによると、人は血の繋がった家族のためならば、無償の援助を惜しまないそうです。ダットンは、アメリカ人だけでなく、ロシア人を対象にも調査しましたが、結果は同じでした。知らない人よりは友人、友人よりも家族を人は助けるのです。

この心理を逆手に取るのが、振り込め詐欺や、オレオレ詐欺を働く詐欺師集団です。警察があれほど「振り込め詐欺に注意！」と警鐘《けいしょう》を鳴らしているにもかかわらず、依然としてこの手口の詐欺が後を絶たないのは、ちゃんとした理由があります。

私たちは、家族が困っていると思えば（もちろん詐欺師が家族になりすましているだけ）、どうしても助けてあげたくなってしまうのです。

「母さん、オレだよオレ。サラ金からお金を借りちゃってさ、どうしよう？」

「オレなんだけどさ、会社の部下へのセクハラで訴えられそうなんだよ」

「おばあちゃん、オレだよ。彼女を妊娠させちゃって、親に内緒でお金が必要なんだ」

「鉄道警察の者なのですが、ご主人が痴漢をされましてね、示談金が必要なんです」

いきなりこんな電話がかかってきたら、たいていの人は慌ててしまいます。

何しろ、大切な身内が困っているのです。

「そんなのは知ったことじゃない。自分でどうにかしろ！」と突っぱねて電話を切ることができるような人は、それほど多くはないでしょう。

家族が困っていると思えば、パニックになって、思考停止状態に陥り、とにかく助けなければ、ということしか頭に浮かばないでしょう。

しかも詐欺師が巧妙なのは、「今すぐに振り込んでもらわないと」と急《せ》かすところです。

時間を置くと、冷静さを取り戻してしまうから、とにかく「すぐに」「今すぐ」と急かすのです。パニックになった家族が、とにかく慌てて銀行や郵便局に走らなければならないように仕向けているのです。

心理学的に言うと、これは**〝タイム・プレッシャー法〟**と呼ばれるテクニックです。**時**

間的圧迫法ともいうのですが、詐欺師は家族になりすますだけではなく、時間的なプレッシャーをかけるという合わせ技を使うのです。

交渉においても、相手の家族を口説き落とし、家族の口から説得してもらうというやり方が取られることがありますが、〝家族の情〟を利用するという点では、詐欺師のやり方と共通しているといえるでしょう。

POINT

親しい人のお願いほど、人は断りづらい
説得できない場合は、周囲の人へもアプローチしてみよう

50

役割分担で相手を追い込む

警察官が聞き込み捜査などをするときには、一人きりで動くことはめったになく、ペアで行動するのが基本だそうです。

面白いことに、ヤクザもペアで行動することが多いのです。

特に、相手を追い込んでいくような場合、**一人よりも二人でやったほうが、バラエティに富んだ作戦が可能**です。**たとえば、二人でそれぞれコワモテ役となだめ役を演じるという作戦**があります。

コワモテ役：「金返すのを待ってくれやと！　このガキ、死にさらせ！」

なだめ役：「兄貴、あきまへん！」

コワモテ役：「自分で死なれへんのやったら、わしがやったろやないか！」
なだめ役：「兄貴、アカン！　やったらあきまへん！」
なだめ役：「兄貴にうまく話したるさかい、あんたもええ返事したりいな」

コワモテ役は、とにかく相手を怯えさせて、萎縮させます。そのとき、なだめ役が優しい態度で助け舟を出します。すると、心理的に追い込まれた相手は、なだめ役の優しい態度にやられてしまい、こちらの言うことに従ってしまうのです。

専門的には、このテクニックは〝グッドコップ・バッドコップ法〟と呼ばれています。直訳すれば、「良い警官と悪い警官」という意味です。

このテクニックは、ほかにもさまざまな呼び方があり、イギリスでは〝マットとジェフ〟の名前で知られ、ＣＩＡでは〝友人と敵〟などと呼ばれているようです。このテクニックはヤクザが使用するばかりでなく、警察も使っています。

たとえば、被疑者を取り調べるときには、まず「悪い警官」が出てきて、とにかく大声で怒鳴りながら、机をバンバン叩いて被疑者を追い込んでいきます。もちろんこの段階では、被疑者が口を割ることはありません。

すると次に「良い警官」がやってきて、「まあまあ、落ち着いて。僕がゆっくり話を聞くから」と悪い警官を退室させます。

そして、温和な表情を浮かべながら親身になって話を聞き、相手に自白させるのです。

まるで「北風と太陽」の寓話《ぐうわ》のようですが、このような〝揺さぶり〟に人間はものすごく弱いのです。

「最初から優しい人に対応させればいいのではないか?」と読者のみなさんは思うでしょう。しかし、それではダメなのです。まず怖い警官がたっぷりと否定的な態度をとるからこそ、次に出てくる警官の優しさが強く感じられるのです。

コントラストが重要なので、一人では難しいのです。

どうしても自分一人では相手を動かすのがムリだと思うのなら、だれかほかの人に頼んでペアでやってみるとよいでしょう。

一人ではムリでも、二人ならいろいろな役割を分担しながら交渉することが可能になるでしょう。

POINT

役割分担をすれば、いろいろな交渉方法を取ることができる
闇雲に説得を続けるのではなく、コントラストを意識しよう

51

権威性の高い職業になりすます

「僕はモデル事務所の人間なんですけど、芸能関係の仕事って、興味ありますか？」

「私はマスコミ関係者なんですけど、キャンペーンガールをやってみませんか？」

芸能関係の人間になりすまし、モデルやタレントになれると声を掛けながら、アダルトビデオに出演させたり、ヌードの撮影をしたりする詐欺師がいます。

ウソの職業を騙《かた》ることから、〝なりすまし詐欺〟であるとか、〝騙り商法〟などともいわれています。彼らは、芸能事務所の人間を騙るときもあれば、警察官を騙るときもあります。弁護士や医者を騙るときもあります。

彼らが騙る職業の多くは、〝権威性〟が高いものです。

一般の人たちが権威を感じる職業を、彼らは好んで選ぶのです。なぜなら、そういう職業であるかのように演出すれば、人は何でも言うことを聞いてくれるからです。

普通に考えればおかしなお願いでも、権威性の高い人に言われると、「おかしいな？」と思いながらも人は断れないのです。

アメリカのマサチューセッツ州にあるクラーク科学センターのレオナルド・ビックマンは、153名の歩行者を呼び止めて、「そこのバス停の看板を、あそこまで移動させてもらえませんか？」というおかしなお願いをしてみました。

ただし、警察官のように見える服装でお願いをしました。すると、おかしなお願いにもかかわらず、56％の人がバス停の看板を実際に動かしてくれたというのです。

次に、ビックマンは、普通のカジュアルな服装で同じお願いをしてました。そのときには20％の人しか応じてくれなかったといいます（それでも20％が応じてくれたということも驚きです)。

マスコミ関係者になりすます詐欺師は、〝それっぽく見える〟服装をしています。芸能関係者が着ているような服装で、ターゲットをダマすのです。

警察官になりすます人は、やはり警察官やガードマンのように見える服装をしているし、医者になりすます人は、白衣を着るでしょう。

そういう服装をすることによって、自分の権威性を高めるのです。

人を説得するときには、なるべく権威性のあるような服装をしましょう。

Tシャツに短パンをはいていたら、相手は言うことを聞いてくれません。

仕立ての良いスーツを着て、きちんとネクタイを締めるだけでも、あなたの説得力はずいぶんと高まることでしょう。これを心理学では、**〝ドレス効果〟**と呼んでいます。

読者のみなさんがビジネスパーソンなのであれば、1着1万円のペラペラのスーツを着るのではなく、できれば、お金はかかりますがブランド物のスーツを1着は持っておきたいところです。

人は見た目で判断されることが多く、なるべく権威性が高く見えたほうが説得もうまくいくものなのです。

POINT

人は〝権威〟に弱く、見た目で相手を判断する
多少無理してでも高級な服装を揃え、説得力を高めよう

52

お金が取れる人に肩代わりをさせる

どんなに頑張ってセールスをしても、お金のない人にはモノを売ることができません。

たとえば、みなさんが住宅の販売をしている営業マンだったとして、明らかにローンも組めそうもない若い夫婦には、最初からセールスをしないでしょう。

なぜなら、その若い夫婦は、「家が欲しい！」という気持ちがあるかもしれませんが、家を買うことはできないからです。

ロシアに、「どんなに頑張っても、牡牛《おうし》からは牛乳は搾れない」ということわざがあります。牡牛は、そもそも乳を出せません。それなのに牡牛から牛乳を搾ろうとするのは、愚かな人のやることだというのです。

お金を払えない人からは、どうせお金を取ることができないというのは当たり前の話です。

ところが取り立て屋のヤクザは違います。彼らはどんなことをしてでもお金を取り立てます。では、どうするのでしょうか。

それは、お金を取れない人から取るのではなく、〝お金を取れる人〟に肩代わりさせてお金を取るのです。

あるホストが闇金の返済を滞納しているとしましょう。そのホストからは、どうせそんなにお金が取れそうもないとします。こんなとき、取り立てを任されたヤクザは、そのホストを従業員として雇っている経営者に話を持っていきます。「いやあ、彼にもお金が必要なのはわかるんですよ。一度キレイに返済してもらいたいんですけどね」と世間話でもするかのように話し掛けます。

経営者も、自分には関係がないと思って気を許し、「まったくです。まあ、あいつも頑張っていると思うんで、もうちょっとだけ待ってやってください」などと答えます。

しかし、このときすでにヤクザは心の中でニヤリと笑っています。そして、少し日を置いてから、「雇い主であるあなたが、待ってくださいと言うから待ったんですよ。このケツは、当然、あなたに持ってもらいますよ」というように追い込んでいきます。

このやり方は、たとえば、ローンの返済ができなくなった子どもの借金を、親に肩代わりさせたりするときにも利用できます。どうせ子どもからは取れないのなら、親に代わってもらうわけです。

要するに、きちんと責任が取れる人を探して、そちらにアプローチしなければ、どんなに頑張っても埒《らち》があかないのです。

部下の不始末の責任は、上司に取らせます。夫からお金が取れないなら、妻からです。

人を説得するときには、相手が説得するに足る人間なのかどうかをきちんと調べなければなりません。どんなに説得してもムリな人というのがいるので、そういう人にアプローチするのは、時間と労力のムダでしかありません。

結婚相手を見つけたいのなら、「私は、結婚しません！」という価値観の持ち主を口説こうとしてはいけません。そんなことをしてもムダです。結婚したいのなら、相手も「結婚したい」と考えている人をまず選ばなければなりません。

アメリカにあるコーネル大学のキャサリン・オコナーは、まず相手をよく知ること、そして交渉相手に足る人間なのかを調べなければ交渉はうまくいかないと指摘しています。

いきなり交渉をスタートするのではなく、まず相手がそれに足る相手なのかをきちんと調べなければダメなのです。

POINT

どんなに交渉してもムダな相手もいる
まずは相手をよく調べ、可能性がないならほかの相手を探そう

53

場合によってはプロに任せる

何でも自分でやろうとしてはいけません。

「自分で何とかしてやる！」という心掛けは殊勝《しゅしょう》でありますが、時間と労力のムダでしかありません。

交渉がヘタであるとか、その分野における知識がまったくないのであれば、弁護士や、税理士など、その道の〝プロ〟に交渉をお願いしたほうが、はるかに良い結果を得ることができるでしょう。

ヤクザは、いつでも自分が出向いて交渉をするのかというと、そんなことはありません。

お抱えの弁護士を雇っていて、そちらに交渉をお願いすることも結構あります。いつでも自分が動いているのかというと、そんなことはないのです。

アメリカにあるニューヨーク州立大学のトマス・J・スタンリーは、何でもプロに頼んだほうが、有利な交渉ができると述べています（『なぜ、この人たちは金持ちになったのか』参照）。

たとえば、建築を請け負う業者との交渉があるとしましょう。こちらは建築に関しては素人だとすると、プロと対等に渡り合うのは不可能です。

そのため、スタンリーはさっさと弁護士や代理人を雇ってしまったほうがいいと指摘しています。

「建築の事情に明るい専門家を立ててきた」ということになれば、建築業者や資材業者も、より熱心に仕事をしてくれて、手抜きをしないというのです。

それぞれの分野には、みなさんよりはるかに交渉スキルの高い〝プロ〟がいます。そんなプロにお願いしたほうが、良い結果になることはいくらでもあるのです。

子どもに勉強しなさいと口うるさく説教をしたり、自分で勉強を見てあげたりするのもいいですが、最も効果的なのは、さっさとプロの家庭教師を雇うこと。そのほうが、絶対に子どもの成績は伸びます。

プロの家庭教師であれば、勉強ができない子どもに教えるコツなどもたくさん知っています。やる気のない子どもが相手だって、成績を伸ばすためのノウハウをいくつも知っています。だから、自分でやるより、プロにお願いしてしまったほうがラクで、確実なのです。

税理士にお金を払うのがもったいないからといって、自分で帳簿をつけている経営者がいるとしましょう。

そういう努力がまったくのムダだとは言いませんが、慣れないことをして時間と労力をムダにするよりは、顧問として税理士を雇ってしまったほうが、本業の経営に、もっと力を傾注《けいちゅう》できるでしょう。

もちろん、**プロを雇うにはそれなりにお金がかかりますが、彼らを雇ったほうが交渉が一発で片付くとか、大きな利益を持ってきてくれるとか、払ったお金以上の見返りがあることはたしか**です。

自分が苦手なことはプロに任せるという選択肢を持つようにすると、ムダな時間と労力がなくせるでしょう。

POINT

何でも自分でやろうとしてはいけない
自分の交渉力を見極め、不利だと感じればプロに任せよう

54

被害者を装う

お客さんが「ぼったくりだ!」とお金の支払いを拒んでいると、お店側が、「それなら警察へ行きましょう」と言い出すテクニックがあります。

「料理を出さなかったわけでもありませんし、サービスしなかったわけでもありません。金額が高いと言われれば高いですが、料亭に比べればずいぶん安いですよ。それでもお金を払っていただけないのなら、もう警察にお願いするしかありません」

そんな感じでお客さんを脅すのです。

仮に警察へ行っても、おそらくは相手にされないでしょう。料金トラブルに警察は基本的に口出しをしないのです。民事不介入が原則ですから、「そちらで話し合ってくれ」ということになります。警察では、店員は完全な被害者を装います。

「食事をお出しして、料金を払っていただけないんですよ。無銭飲食じゃないですか。そりゃ金額は少し高かったかもしれませんけど、お酒をグイグイ飲んでたのは、お客さんじゃないですか。いい加減、払ってくださいよ」と言われれば、警察だって、酔っ払っているお客さんよりは、店側の言い分を信じてしまいそうです。

「おかわりを持ってこい！ってお客さんに言われたら、いくらだってお酒をお作りしますよ。ウチも商売ですからね。だけど何杯も飲まれてから、こんなに高いんじゃ、払わない！と言われたって、こちらは困っちゃいますよ」と困った顔をして、首を横に振っていれば、警察も「お客さんさあ、飲んだのはたしかなんだしさ……」と言う場合があるそうです。

本当は、お客さんのほうが被害者なのに、あたかもこちらのほうが被害者であるということになれば、これはもう勝ったようなものです。

詐欺師の中には、同じように自分たちのほうが被害者だ、と相手に責任をなすり付ける

手口を使う人もいます。

「こちらは、ちゃんと商品を納めたんですよ。なのに代金をいただけないって、そんな話はないでしょう」と言われれば、お客さんとしても口をつぐまざるを得ません。

自分が被害者になってしまえば、無関係な第三者は、すべて自分の味方をしてくれます。

シンガポール国立大学のアイリス・ハンによれば、被害者に対して、人は同情的な気持ちになり、いろいろと援助したい気持ちが強くなるといいます。だから、自分が被害者であるということを、大げさにアピールするのがコツです。

日本人の夫婦は、夫婦げんかをするとき、基本的に家の中でやります。みっともないからです。ところが外国に目をやると、たとえば中国人の夫婦は、わざわざ家の外でケンカするという話を聞いたことがあります。

お互いに外で罵《のの》り合いを始めて、歩いている人たちに、どちらが悪いのかを決めてもらおうというのです。

そのうち、話を聞いている通行人たちから、「夫が悪い！」とか「奥さんが悪い！」と声が上るようになって、夫婦げんかは決着するのだそうです。そのとき、相手を悪者にして、自分は被害者だというアピールをしたほうが勝つのです。

たとえ自分が悪いことをしたとしても、被害者になってしまえば、こちらのものです。**相手が悪人であるかのように思い込ませるテクニックは非常に重要**であるといえるでしょう。

POINT

被害者になることができれば、周囲が味方をしてくれる
有利に交渉を進めるため、自分は被害者だとアピールしよう

55

最後の最後まで気を抜かない

ヤクザ同士が交渉をするときは、決して最後まで気を抜いてはいけないといいます。

なぜなら、ほんの何気ないひと言で、交渉がひっくり返されてしまうことがあるからです。小さな失言でもしようものなら、そこを徹底的に相手に噛み付かれて、不利な条件を呑まされてしまうこともあるのだそうです（向谷匡史著、『ヤクザ式ビジネスの「かけひき」で絶対に負けない技術』参照）。

ビジネスパーソンであっても、交渉をするときは、たとえ相手の会社から外に出た後でも、気を抜いてはいけません。

たとえば、プレゼンを終えて駅前の居酒屋に入ったとします。交渉がうまくまとまった安堵《あんど》感からか、お酒が入った勢いのせいか、「先輩、あそこの会社、思ったよりチョロかったですね。もっとガンガンくるかと思ったんですけど、すんなり企画も通っちゃったんで拍子抜けしちゃいましたよ。機械メーカーの人って、見る目ないのかな」などと話していたとしましょう。

しかし、その後ろの席では、相手の会社の人たちが飲んでいたとします。当然、契約はすべて反故《ほご》にされるだけでなく、二度と出入りできなくなるでしょう。

こういうケースは、可能性として大いにあります。

お客さんの家を訪問したときも同じで、お客さんの家を出た途端にネクタイを緩め、タバコを口にくわえるようでは、注意が足りません。

お客さんの家に忘れ物などをしていたら、お客さんが走って届けてくれることだって、あるかもしれないからです。もしそんな状況になれば、だらしない姿を見せてしまうことになります。

人に会うときには、最後の最後まで気を抜いてはいけません。

気を抜いていいのは、自宅に戻ってからです。それまでは、全神経を集中させ、ピリピリした状態でいなければなりません。**気が緩むと、思わぬ失言、失態を見せてしまいます。**

そうなれば、せっかく相手に好印象を与えていても、すべてが台なしになるでしょう。最初に良い顔を見せておきながら、失礼なことを言ったりすると、そのギャップで余計に嫌われることを覚えておきましょう。

オランダにあるライデン大学のルース・フォンクは、最初は親切だった人が、ちょっとでも冷たい態度を取ると、ひどく嫌われてしまうと指摘しています。相手の期待を裏切ることになるからです。

交渉中はものすごく丁寧な話し方をしていたのに、交渉が終わって雑談を始めた途端、くだけた口調でしゃべったりするのもやめたほうがいいでしょう。好印象を与えたいなら、最後の最後まで、相手とお別れした後でさえ、気を抜いてはいけないのです。

小学校の遠足では、解散するときに「家に帰るまでが遠足なんだから、気を抜かないように」と先生が注意をします。楽しい気分で浮かれていると、事故に遭いやすいからです。

同じ注意は、ビジネスパーソンもしなければなりません。交渉がまとまった後でさえ、気を抜いてはいけないのです。

POINT

自分を演出するには、最後の最後まで気を抜いてはいけない
うまくいったときこそ、神経を集中させよう

あとがき

「人を動かす」をテーマにした類書は、たくさんあります。

しかし、それらの本に書かれていることが、どれくらい実効性があるのかというと、はなはだ疑問です。

「愛情を持って接すれば、相手も動いてくれる」

「相手を思いやる気持ちが大切」

類書を読めば、そんな感じのことがウンザリするほど書かれていますが、そのやり方で本当に相手が動いてくれるのか、私はずっと疑問に思っています。たしかに、書かれていることに間違いはないのでしょうが、「愛情を持って接する」とか、「思いやり」と言われても、いまいちピンときません。

愛情などなくても、人は動かせるのではないでしょうか。

思いやりなどなくても、言うことを聞かせることは可能なのではないでしょうか。
私は、兼《か》ねてからそんなことを考えていました。

悪人たちが、まさにそのようなスタンスで実際に行動しているのを知り、「これだ！」と得心《とくしん》したわけです。本書では、私が調べた悪人たちの手口やテクニックを明らかにする一方で、なぜそれらのテクニックが効果的なのかのメカニズムについても心理分析してみました。

本書をきちんとお読みいただければ、「人を動かす」実践的な知識が身に付くのではないかと思います。

詐欺行為は、絶対にやってはいけない。
法律に違反する行為が許されるわけではない。

けれども、たとえば、詐欺で利用されているテクニックは、部下を動かすテクニック、クライアントとの交渉、好きな人をこちらに振り向かせるテクニックなど、日常場面にもいろいろと応用ができるしょう。

どのように使っていただくかは、読者のみなさんの自由ですが、本書で紹介してきた悪人たちのテクニックは、絶対に悪用してはなりません。

あくまでも善用していただくことを期待しています。

また、読者のみなさんが悪人たちのテクニックを知ることによって、詐欺や悪いことに巻き込まれないよう気をつけていただけるのではないでしょうか。

さて、本書の執筆にあたっては、総合法令出版さんにお世話になりました。この場を借りてお礼を申し上げたいと思います。総合法令出版さんには悪人たちの情報収集も一緒にお手伝いいただき、非常に助かりました。私一人では、膨大な手口を集めるだけでも苦労したでしょう。

紙幅の関係もあって、あらゆる手口を網羅的に扱うことはできませんでした。そのため、より応用性の高い手口だけを取り上げ、そこから汲《く》み取ることができるエッセンスをご紹介するにとどめました。もし機会があれば、ぜひもっと多くのテクニックについても紹介していきたいと思っています。

最後になってしまいましたが、読者のみなさんにもお礼を申し上げます。本書を手に取っていただき、本当にありがとうございました。また、どこかでお会いしましょう。

内藤誼人

Journal of Experimental Psychology, 58, 193-198.

- Pinto, M. B. 2000 On the nature and properties of appeals used in direct-to-consumerad-vertising of prescription drugs. Psychological Reports, 86, 597-607.
- Principe, G. F., Kanaya, T., Ceci, S. J., & Singh, M. 2006 Believing is seeing: How rumor-scan engender false memories in preschoolers. Psychological Science, 17, 243-248.
- Reingen, P. H. 1978 On inducing compliance with requests. Journal of ConsumerResearch, 5, 96-102.
- Reingen, P. H. 1982 Test of a list procedure for inducing compliance with a requestto donate money. Journal of Applied Psychology, 67, 110-118.
- Rind, B., & Benjamin, D. 1995 Effects of public image concerns and self-image oncompli-ance. Journal of Social Psychology, 134, 19-25.
- Seiter, J. S., & Dutson, E. 2007 The effect of compliments on tipping behavior inhairstyl-ing salons. Journal of Applied Social Psychology, 37, 1999-2007.
- Shiv, B., Carmon, Z., & Ariely, D. 2005 Placebo effects of marketing actions: Consumersmay get what they pay for. Journal of Marketing Research, 42, 383-393.
- Sommer, R., Wynes, m., Brinkley, G. 1992 Social facilitation effects in shopping behavior. Environment and Behavior, 24, 285-297.
- 多田文明『あなたはこうしてだまされる』産経新聞出版 2015.
- Thompson, L., & DeHarpport, T. 1994 Social judgment, feedback, and interpersonal-learning in negotiation. Organizational Behavior and Human Decision Processes, 58,327-345.
- Van den Putte, B., & Dhondt, G. 2005 Developing successful Communication strate-gies: A test of an integrated framework for effective communication. Journal of AppliedSocial Psychology, 35, 2399-2420.
- Harvey, O. J., & Beverly, G. D. 1961 Some personality correlates of concept changeth-rough role playing. Journal of Abnormal Social Psychology, 63, 125-130.
- Hill, R. A., & Barton, R. A. 2005 Red enhances human performance in contests.Nature, 435, 293.
- Hofmann, D. A., Lei, Z., & Grant, A. M. 2009 Seeking help in the shadow of doubt:
- The sense making processes underlying how nurses decide whom to ask for help.Journal of Applied Psychology, 94, 1261-1274.
- Hsee, C. K., & Ruan, B. 2016 The Pandora effect: The power and peril of curiosity. Psychological Science, 27, 659-666.
- Huffmeier, J., Krumm, S., Kanthak, J., & Hertel, G. 2012 “Don't let the group down”: Fac-ets of instrumentality moderate the motivating effects of groups in a field experiment.

参考文献

- Vangelisti, A. L. 1994 Family secrets: Forms, functions and correlates. Journal ofSocial Personal Relationships, 11, 113-135.
- Vonk, R. 1993 The negativity effect in trait ratings and in open-ended descriptions ofpersons. Personality and Social Psychology Bulletin, 19, 269-278.
- Walfisch, T., Dijk, D. V., & Kark, R. 2013 Do you really expect me to apologize? Theimpact of status and gender on the effectiveness of an apology in the workplace. Journalof Applied Social Psychology, 43, 1446-1458.
- Wallace, B. 1993 Day persons, night persons, and variability in hypnotic susceptibility.
- Journal of Personality and Social Psychology, 64, 827-833.
- Wilson, E. J., & Sherrell, D. L. 1993 Source effects in communication and persuasionresearch: A meta-analysis of effect size. Academy of Marketing Science, 21, 101-112.
- Wolff, H. G., & Moser, K. 2009 Effects of networking on career success: A longitudinalstudy. Journal of Applied Psychology, 94, 196-206.
- Worchel, S., Andreoli, V., & Eason, J. 1975 Is the medium the message? A study of theeffects of media, communicator, and message characteristics on attitude change. Journalof Applied Social Psychology, 5, 157-172.
- 向谷匡史『ヤクザの必勝心理術』イースト・プレス 2014.
- 西田公昭『だましの手口』PHP新書 2009.
- Niven, K., Holman, D., & Totterdell, P. 2012 How to win friendship and trust by influencingpeople's feelings: An investigation of interpersonal affect regulation and thequality of friendships. Human Relations, 65, 777-805.
- O'Connor, K. M., Arnold, J. A., & Burries, E. R. 2005 Negotiators' bargaining historiesand their effects on future negotiation performance. Journal of Applied Psychology,90, 350-362.
- Ottati, V., Rhoads, S., & Graesser, A. C. 1999 The effect of metaphor on processingstyle in a persuasion task: A motivational resonance model. Journal of Personality andSocial Psychology, 77, 688-697.
- Peck, J., & Childers, T. L. 2003 Individual differences in haptic information processing:
- The "Need for Touch" scale. Journal of Consumer Research, 30, 430-442.
- Perrine, R. M., & Heather, S. 2000 Effects of picture and even a penny will help appealson anonymous donations to charity. Psychological Reports, 86, 551-559.
- Peterson, L. R., & Peterson, M. J. 1959 Short-term retention of individual verbalitems.

Mediatorsand moderators. Journal of Applied Social Psychology, 30, 991-1012.

- Bull, P., & Mayer, K. 1993 How not to answer questions in political interviews. PoliticalPsychology, 14, 651-666.
- Burgess, M., Enzle, M. E., & Morry, M. 2000 The social psychological power of photography:Can the image-freezing machine make something of nothing? EuropeanJournal of Social Psychology, 30, 613-630.
- Carney, D. R., Hall, J. A., & LeBeau, L. S. 2005 Beliefs about the nonverbal expressionof social power. Journal of Nonverbal Behavior, 29, 105-123.
- Cialdini, R. B., & Nicholas, M. E. 1989 Self-presentation by association. Journal ofPersonality and Social Psychology, 57, 626-631.
- Claxton, R., Vecchio, S. D., Zemanek, J. E. Jr., & Mcintyre, R. P. 2001 Industrial buyers'perception of effective selling. Psychological Reports, 89, 476-482.
- Dutton, Y. E. C. 2012 Butting in vs being a friend: Cultural differences and similaritiesin the evaluation of imposed social support. Journal of Social Psychology, 152,493-509.
- Echebarria-Echabe, A. 2010 Effects of suspicion on willingness to engage in systematicprocessing of persuasive arguments. Journal of Social Psychology, 150, 148-159.
- Forster, J., & Seibt, B. 2004 Risky and careful processing under stereotype threat:How regulatory focus can enhance and deteriorate performance when self stereotypesare active. Journal of Personality and Social Psychology, 87, 38-56.
- Friestad, M., & Wright, P. 1994 The persuasion knowledge model: How people copewith persuasion attempts. Journal of Consumer Research, 21, 1-31.
- Giebels, E., DeDreu, C. K. W., & Van de Vlert, E. 2000 Interdependence in negotiation:
- Effects of exit options and social motives on distributive and integrative negotiation. European Journal of Social Psychology, 30, 255-272.
- Godoy, R., Reyes-Garcia, V., Huanca, T., Tanner, S., Leonard, W. R., Mcdade, T., &Vadez, V. 2005 Do smiles have a face value? Panel evidence from Amazonian indians.Journal of Economic Psychology, 26, 469-490.
- Goldstein, N. J., Cialdini, R. B., & Griskevisius, V. 2008 A room with a viewpoint:Using social norms to motivate environmental conservation in hotels. Journal ofConsumer Research, 35, 472-482.
- Gueguen, N., Marchand, M., Pascual, A., & Lourel, M. 2008 Foot-in-the-door techniqueusing a courtship request: A field experiment. Psychological Reports, 103, 529-534.
- Hale, J. L., Lemienux, R., & Mongeau, P. A. 1995 Cognitive processing of fear-arousingmessage content. Communication Research, 22, 459-474.

European Journal of Social Psychology, 42, 533-538.

- Hung, I. W., & Wyer, R. S. Jr. 2009 Differences in perspective and the influence ofcharitable appeals: When imagining oneself as the victim is not beneficial. Journal ofMarketing Research, 46, 421-434.
- Isen, A. M., Shalker, T. E., Clark, M., & Karp, L. 1978 Affect, accessibility of materialin memory, and behavior: A cognitive loop? Personality and Social Psychology Bulletin,36, 1-2.
- Joule, R. V., & Gueguen, N. 2015 The lure technique: Replication and refinement ina field setting. Psychological Reports, 116, 275-279.
- Konoske, P., Staple, S., & Graf, R. G. 1979 Compliant reactions to guilt: Self-esteemor self-punishment. Journal of Social Psychology, 108, 207-211.
- Kwon, S., & Weingart, L. R. 2004 Unilateral concessions from the other party: Concessionbehavior, attributions, and negotiation judgments. Journal of Applied Psychology,89, 263-278.
- Lamont, L. M., & Lundstrom, W. J. 1977 Identifying successful industrial salesmanby personality and personal characteristics. Journal of Marketing Research, 14, 517-529.
- Lueders, A., Hall, J. A., Pennington, N. R., & Knutson, K. 2014 Nonverbal decodingon Facebook: Applying the IPT-15 and the SSI to personality judgments. Journal ofNonverbal Behavior, 38, 413-427.
- Matthies, E., Klockner, C. A., & Preibner, C. L. 2006 Applying a modified moral decision-making model to change habitual car use: How can commitment be effective?Applied Psychology: An international review, 55, 91-106.
- Montoya, M., & Horton, R. S. 2012 A meta-analytic investigation of the processesunderlying the similarity-attraction effect. Journal of Social and Personal Relationships,30, 64-94.
- Morwitz, V. G., Greenleaf, E. A., & Johnson, E. J. 1998 Divide and prosper: Consumers'reactions to partitioned prices. Journal of Marketing Research, 35, 453-463.
- Mueller-Hanson, R. A., Heggestad, E. D., & Thornton, G. C.II 2006 Individual differencesin impression management: An exploration of the psychological process underlyingfaking. Psychology Science, 48, 288-312.
- Abel, M. H., & Watters, H. 2005 Attributions of guilt and punishment as functions ofphysical attractiveness and smiling. Journal of Social Psychology, 145, 687-702.
- Bickman, L. 1974 The social power of a uniform. Journal of Applied Social Psychology,4, 47-61.
- Bradley, G. L., & Sparks, B. A. 2000 Customer reactions to staff empowerment:

※本書は２０１７年９月刊『裏社会の危険な心理交渉術』（総合法令出版）を加筆・再編集したものです。

内藤誼人（ないとう・よしひと）

心理学者、立正大学客員教授、有限会社アンギルド代表取締役社長。

慶應義塾大学社会学研究科博士課程修了。社会心理学の知見をベースに、ビジネスを中心とした実践的分野への応用に力を注ぐ心理学系アクティビスト。趣味は釣りとガーデニング。

著書に、『世界最先端の研究が教える新事実 心理学BEST100』『世界最先端の研究が教える新事実 人間関係BEST100』『世界最先端の研究が教える すごい心理学』（以上、総合法令出版）など多数。その数は200冊を超える。

99%思い通りに人を動かす心理術
悪人の技法

2023年 7 月25日　初版発行

著　者　内藤誼人
発行者　野村直克
発行所　総合法令出版株式会社
〒103-0001 東京都中央区日本橋小伝馬町 15-18
EDGE 小伝馬町ビル 9 階
電話　03-5623-5121
印刷・製本　中央精版印刷株式会社

落丁・乱丁本はお取替えいたします。

ISBN 978-4-86280-910-0
総合法令出版ホームページ　http://www.horei.com/